闺蜜结婚指南

Boya 等著

中国华侨出版社
·北京·

如何找到一段自己说了算的婚姻

目录

第一章　懵懂篇

第二章　适应篇

第三章　实战篇

第一章　懵懂篇

001. 遇见对的人到底有没有公式

文：Boya

被小北提醒之后，小梅觉得自己亏大了。每天坐地铁上班，通勤时间两个小时，在这两个小时，是接触陌生人最多的时刻，为了方便行事，小梅每次都是到了公司洗手间才化妆，一天美美的，然后下班时刻，妆基本都花了，回家的路上反正没人认得，一路脱妆回家。

这意味着什么呢?

意味着，小梅只有在面对每天朝夕相处的同事时，才会有容光焕发的一面。因为同事相熟啊，同事会积极给出意见啊，女同事之间还会互相推荐化妆品。但你不会想和同事谈恋爱，即便公司允许，也是很不方便，小梅自己也见识过，公司几对年轻男女，看对眼之后朝夕相处，你侬我侬，一旦有了点小矛盾闹冷战，那就泾渭分明，互不相让，连正常工作都没办法讨论下去。真分手以后更麻烦，刻意不见面、不说话，转达一个文件绕来绕去，活生生把一个高效互联网企业变成了原始部落的飞鸽传书。恋爱时和分手后，伤害的都是周围无辜的同事。

所以，小梅不打算从公司里挑选如意郎君。如果做了这个决定，就意味着每天最好看的时光是浪费在没有希望的人群身上了。

小北继续点醒小梅："你看看，遇见陌生人最多的是你的地铁时间，但你在地铁上是最丑的时候，是多喜欢内在美的人才会挑中你，甚至有勇气和你打招呼，约你出去玩呢？"

"地铁上有人突然约我，我也不能答应吧。"小梅的重点在于这件事情的合理性。

"你答不答应是一回事，你有没有吸引力让别人想约你出去是另一回事，后面这个比较重要了。"

"既然不会和陌生人约会，那给他们看那么好看的我，有什么必要吗？安全是不是比较重要，给有心的歹徒看见了不是给自己徒增麻烦和危险？"小梅又陷入了迷思。

"为了降低我们遇到人渣的概率，如果想省钱出行的时候就多去人多的场合，如果太挤就再等一等，如果有点钱就打较贵的出租。因为安全的陌生人足够多，他们的眼光和默默的评价是可以作为大众对你判断的一个反馈。同事之间那么熟悉，多会客套地说你真美，其实每天都看那一张脸，早就脱敏，你回忆一下，公司里面的帅哥，看久了是不是也没那么帅了，而有些丑八怪，看久了，也没那么丑了。这叫边际效应，他们的脸逐渐对你而言就是一个符号化的存在。陌生人就不同了，分分钟都是第一印象。如果经常训练自己给人较好的第一印象，是不是就能够保证在面对未来男朋友和老公的时候，给他闪亮一击呢？”

“可是，现在男女朋友认识是需要一个通道的，相亲也好，朋友之间的聚会认识也好，网络交友 APP 也好，没有这个通道，陌生男女认识的可能性明明就很低啊。就连大家最喜欢和陌生人打招呼的夜店，也都是 hello 一下喝一口玩一夜，不放感情的啊。”

小梅回忆起自己在地铁和商场看到的帅哥，也是每周会有三四个，但要她上前说话，甚至眼神交流，前面有道特别坚固的“墙”叫“不好意思”。

小北叹了一口气说：“你老是很功利地去思考这个东西，一出手就想得到。没有谁是一开口就冲着结婚去的。我也去相过亲，也把自己打扮得美美的，端坐着，小口吃着菜，第一次效果是很好，对方也约我第二天去看电影了，可那是经过包装之后的我，相处之后，我爱吃肉，喜欢喝酒，偶尔还说脏话。这些藏不住的，对方期望落差这么一大，就没有第三次，倒不如一开始丑话说在前面。哪有那么多丑话，丑话就是生活中最放松的样子，我们把这个最放松的样子调整得顺眼一点。你最不需要修饰的一面都那么可爱，是不是在一起的机会就更大了？”

小梅鼻子一耸：“我听着有一点乱。”

小北“啪”的一下放下手机：“最直接的吧，我们就是要训练自己，在地铁上保持很好看的状态，不要无精打采，不要弯腰驼背，不要一脸丧气。这样你就会在一大群无精打采、弯腰驼背、一脸丧气的人群中闪闪发亮。训练你该在最不堪的时候，还有那么几分姿色。小梅，坐地铁每天都要精心打扮有点强人所难，天天坐，做不到。但坐飞机呢？每次都穿最宽松的衣服，素颜登机，一坐下来就戴上眼罩，鬼都不知道你长什么模样。中途再大喇喇去上个什么厕所。这等于是当着整驾飞机 100 多号人的面，把你在家的样子‘赤裸裸’实地演示一遍。如果碰到什么对的男人，能指望他第一眼就看中你的灵魂吗？英国研究报告说，50 个坐飞机的人，就有一个会碰到自己的心上人。按照你现在的习惯，错过了多少心上人？你还推荐我在飞机上敷面膜。这样做，真的是太浪费资源了。”

“真的管用？你试过？”

“就是姐姐我用过有效才传授于你的啊，大妞啊。”

“是碰到好男人了吗？”

“不止一个哦。”

“我要听故事！”

“小梅，好的爱情是没有故事的，因为它们听上去都是很正常的事情，牵手亲热不能没有对方巴拉巴拉，又不是秀恩爱，差劲的爱情才会穿插各种故事，有大反派来插足，有大坑等着主角去踩，所以我接下来要说的算不上是故事，只能说是片段和线索。”

“好了，随便，我就是要听到我能用到的诀窍就好了。”

小北也没有打算卖关子，就接着话题讲：“诀窍刚才已经提到过了，就是注意自己上下班路上的状态，我上班的时候基本都是半素颜的，下班前半小时，再找一个角落精心补个妆，不管你那个时候是不是快累翻了，都要给我打起精神，然后就要挑选和昨天不一样的回家的路，大步迈起来。不要给我选什么共享单车，太奔波相了，就算不打车路过国贸区，也要清清爽爽地去坐地铁，人多的那一班就不要挤上去，等等，再等等。不要觉得这是浪费时间，你是在训练一种呈现。”

“等不到偶遇怎么办？会显得自己好没有目的性，好像个傻子。”

“傻子，我不到一个礼拜，就有人约我出门了。”

“谁，是突然上前邀约的吗？”

“同公司的陈总，就是那个刚刚升了销售组主管的陈开明。”

“不对啊，小北，几分钟之前你还告诉我说避免在公司谈恋爱，现在和自己公司的陈总又是怎么一回事？”

小北似乎对这个问题早就有了答复，其实她当初答应和陈总吃饭的时候就想好了答案。

“一流的智慧是同时拥有两种矛盾的思维，还能正常生活，这是拉茨菲尔德说的，也就是双标是个褒义词。”

“拉茨菲尔德没有说过双标。”

“我的核心目标在于验证我的通勤状态就要最美理论，就是女人在路上的时候，才要更美。陈总就是有一天在路上突然看到了化全妆的我，觉得和在公司完全不一样的感觉。于是有了和我聊两句的冲动。他的出现是为这个理论加分的证据，不一定是我就要正儿八经和他来一场恋爱啊。事实证明，聊完也就聊完了。我们的下文还没有开始。”

“切，那不是白说，这个也算数的话，我下班和一群男同事去烧烤，也是各种可能性啊。”小梅把约一个男的，和约一群男的混在一起说。

小北没有揪着这个重点反驳，说起了自己的第二段经历。

“会有陌生人上来打招呼的，有一次我的那个提包被拉链卡住，我一直在使劲。整个在路上大失控，有个穿条纹衬衣的男人走过来，主动要求帮忙。我当然没有直接把包给他，如果他拿着我的包跑掉怎么办，我就手抓住包的下半截，让他去对拉链扣发力。人长得倒是还蛮清爽的，我就提出要请他喝咖啡道谢，他故作潇洒地摆摆手就走掉了。我以为这件事情就这么算了，谁知道没过几天，又在街上碰到。他主动上前打招呼，然后我们就去喝了咖啡，加了微信。”

“这么轻易就认识了，然后就恋爱了吗？没有危险吗？他不是诈骗集团吗？万一他想性骚扰我怎么办？现在社会新闻对女性很不友好的。”

“小梅，所以我说你太功利，且视野足够狭隘，每一段邂逅要给它充分的发酵时间，然后才会结出果实啊，先不管合不合适，给出以后联系的可能性，才不会着急忙慌地觉得自己没人要啊。见几次面就想那么多，那不是流氓吗？”

“这个也不是恋爱关系啊。”小梅真的有些执着，她微信群里也有一整排看对眼的男人，只是没胆发出邀约，小北这一套，到底管不管用啊。

小北看出小梅眼中有些失望，就换了一个语气：“我先给你讲一个神奇的故事吧，有一天一个信菩萨的老太婆遇到了水灾，先是直升机来了，老太婆不理睬，说自己有菩萨来救，直升机飞走了；后来船队也来了，老太婆不上船，说是自己吃斋念佛一辈子，会有神仙保佑的，船队也走了。最后大水漫过了屋顶，老太婆被淹死了，老太婆死了之后问菩萨为什么不来救她，菩萨问道：‘咦，你怎么死了？我不是派直升机和船过去了吗？’

“这个故事告诉我们，心中对某件事情有执念的时候，明明这件事情已经降临了，因为还是在强调形式感就错过了。小梅，你对爱情的执念一重，非要对方说那句专属的求爱求婚的通关密码，才觉得这就是爱情啊。不是的，爱情会披着很多外套前来的，你要学会脱下这些外套，识别真正喜欢你的人啊。”

小梅捧着咖啡杯：“也就是说，我可能错过了很多。”

小北说：“我不知道，但我们可以提高自己去遇见的概率。概率一提高，很多功课就有意义。”

“能够随时随地都化得美美的，概率不就更高了吗？”小梅若有所悟地说。

“哈哈哈哈哈”，小北笑出了癫痫感，“是女人，就需要找地方喘息和放松的。你倒是想随时随地，现实可能吗？谁不要赚钱养家啊，谁不经历点生活艰难啊，分分钟都想要就分分钟都得不到。听我的，把路上这段时光变好看一点，好运会来的。”

小梅弱弱地说：“我试试看，但我没你好看。”

小北鼓励道：“好好捯饬，谁都会好看几分。你的目的是遇见他，不是比美。”

闺蜜指南：

24 小时都保持完美状态，再完美的女人都做不到，她只是让你以为她做到了。

坐地铁和坐公车的人的表情大都是失控的，他们不会对同行的人表现出更多的魅力，都是奔波客，就不费力了。但如果突然出现一个活力满满、笑容甜美的面孔，是很会留下深刻印象的。尽量别去挤太高峰的地铁，那个时候，谁都没有时间去看你的脸。

爱情不止一副面孔，少看连续剧，里面的爱情和相遇都是编剧为了感动你硬凑的，生活中，有很多类似爱情的东西，留给这些东西一点机会，让其冒出新枝。

正是因为爱情极其不稳定，难以广普，爱情专家的话不用背诵。多问身边闺蜜，他们提出的意见更有参考价值。要知道，写厨艺书的必须是会做菜的，写健身书的一定是身材好的，而写爱情书的未必生活最甜蜜。反而更多可能，他们受到的生活打击是超乎常人的。

再强调一遍，爱情专家不如爱情闺蜜。

002. 有人一辈子都在谈一场恋爱

文：Boya

小梅原来不信这一套的，但她看麦麦的新男朋友就知道，这种人真的存在。这个新男友和麦麦的上一个男友好像。

和麦麦上上一个男友好像。

和麦麦上上上一个男友不太像，因为那个男友只维系了三天，是麦麦为了向姐妹们证明她不是只找同一类型的男朋友。

和麦麦上上上上一个男友也很像。像到什么程度，像到小梅一直怀疑，麦麦从大学到现在，一直谈的是一个男朋友，而这个男朋友，有人格分裂，每隔一段时间，就换一个身份和麦麦交往。刚好麦麦又是双子座，喜欢新鲜感。

“既然你是双子座，就应该完全找一个不同的男友，为啥都是一个类型。”小梅无法理解。

“当然不同了，发型都不一样的。”麦麦拿出手机，两张照片滑来滑去对比着看。

“你看，这个头发的颜色要棕色一点。”麦麦边看边说。

双子座喜欢不一样，但喜欢的是同一个框子里面的不一样。全盘颠覆的不一样，再是双子座也不会接受。

“好吧，这个你要留在手里多久？”小梅的提问语气就好像问对方，这只股票打算握在手里多久。

麦麦当没有听到这句话，答非所问：“有时候都谈不上喜欢，甚至都不是习惯，就是顺手。”

顺手？有因为顺手而和一个人在一起的吗？

顺手就是不知不觉就接受了，顺手等于，回过神来，两人已经恋爱半年了。顺手的爱情很像，炎热天气，递过来一杯冰可乐，都凑到嘴边了，要不要来一口呢？也像天寒地冻，递过来一个烤红薯，接住之后，手就会变得暖暖的，难道推回去吗？再加上抬头一看，对方还挺顺眼。

这场恋爱，要不要谈？

小梅回忆自己不多的感情经历。

在一起的理由，和分开的理由，虽说也很顺手，但都很常规。

常规，就是大家常说的那些在一起和分开的理由。没什么值得拿出来说的，倒是麦麦的情况提醒了小梅，她觉得自己内心有个型，这个型没怎么变过。从中学时期喜欢的偶像开始，那个型就像一套模具，套在谁身上她就会喜欢谁。如果偶像变老发胖，她就会逐渐冷漠，然后市场上又会蹦出一个相同类型的新人，就迭代交换明星喜欢，无须心理成本，没有周围邻里指责，说换就能换。

平常嘴里说，男人从来都没有变过，18 岁爱 18 岁的女孩，28 岁爱 18 岁的女孩，38 岁还在爱 18 岁的女孩，58 岁对 18 岁的状态也是痴迷得不行。对于女人来说，何尝不是这样呢？只是表现出另外一种形式，月更一个“猴子他爹”都没问题。（注释：很多女孩喜欢对自己的偶像说：“我要给你生猴子。”）

男人是爱，女人的爱就更进化了一步，是疼。

疼爱。

对方不开心，被欺负，小郁闷，都会心疼，觉得世界怎么可以这么对他。

“这是一种母爱。伟大也委屈，甚至不需要对方给什么。”小梅对有一任男朋友这样定性道，这任男朋友从长相到性格没有一处适合小梅，只是亲戚介绍过了那么一回，吃完饭后没有特别反感，小梅没有说不要，看完几场电影之后，双方就这么确认下来了。

小梅觉得有一种状况非常可怕，就是在自己没有明确摇头否认的时候，许多重要的事情就这么“顺理成章”下来了。对方自动成了男朋友，自动扶上了她的肩膀，自动在一次晚餐后提出要搬来和她一起住，原因就是她住的房间比较大，地段也好，走几步就是地铁。男友提出这个话题非常自然，目的就是希望两人多在一起。

唯一没有自动的，是这次男友没有自动说要和她一起分担房租。

小梅很生硬地否掉了男友的提案。

“对不起，我不要。”

她已经有了一个判断，想要明确说出自己的决定，就必须这么生硬。

“为什么？”

好难说清楚为什么，难道不希望两个人多在一起互动互动吗？小梅觉得也不是，她只是有点别扭。她想通过一些否认的形式来让这辆自然而然的列车停下来，就算表现形式是自己在无理取闹。

有人就是会用“自然而然”的包装，胁迫别人满足自己，男友可能也没有这么卑鄙，但他这一步步走得，从确定关系，到上下其手，再到共享埋单，套路了，像足魔鬼的步伐。核心是，一开始，这任男友的长相没有打动小梅，再后来，他的一些性格瑕疵又让二人的关系扣了分，到这顿晚餐，这个需求，如果小梅再不生硬一点，一直做个懂事的女孩，那小梅的下场，就是“懂事”到死：结婚生子、照顾家庭、牺牲生活，换来一个好妻子、好妈妈、好奶奶的各种“好”的称号。

“你有必要吗？搞得这么尴尬。”男友有些急相，不是说自己想得顺风顺水的计划突然被否掉有点尴尬，而是小梅的回绝来得过于突然，没因没果的。

这段关系也就这么没因没果，男友去柜台结了账，一个人离开，再见都没说。

她开始不觉得对方是男友。牵过手，接过吻也不能算，就算是关系更进一步，也不能算。之前她只是接受，她还没有同意。人就是会在还没有搞清楚状况的时候，让自己接受好多事。

小梅想明白这个道理，是通过了解麦麦的男友们。

麦麦知道自己到底喜欢什么类型的，就按照这个类型去套模，适合的就处处试试看。恰好这么多适合的，就恰好有这么多男朋友了。

小梅以前只会把这种型安放到偶像那个位置，哪怕这种型走入了自己的生活，成为同事，成为熟人，她也会刻意地和对方保持距离。有一个词叫：近乡情怯。意思是离开家乡久了，马上要回到家乡之前，心理上会有各种不适。

人们在靠近爱的时候，也会有这个时期。

难怪，自己就这么白白错过了那么多缘分啊。小梅翻看麦麦手机里面的男友的照片，心中想的是自己的死穴。

这种短暂的不适，就是一种喜欢的信号，换一个词就是不好意思。接受了这种不适，后期就会是自然相爱，怡然自得。不接受，就等于把对方供到一个神台之上，这样倒是可以终日供奉，不怕失恋，但对方的实体，也就慢慢变成完美的泥像，不会对他再有任何欲想。

“好想谈恋爱啊……”小梅看着麦麦和男友的合影说道。

“那就去谈啊！”麦麦觉得这事和上厕所一样，理所应当、不可或缺、自然而然。

“你的自然而然到我的身上，就会变得举步维艰。”

“怎么可能这么辛苦？”

“辛苦一点是好的，先知道自己喜欢的类型是什么，然后要和对方实体接触，才有意义。”小梅肯定了自己新的恋爱逻辑，下一步，就是找她觉得对的人下手了。

“谢谢你，麦麦！”

麦麦还在低头刷男朋友的朋友圈，没有觉得这句话很突兀。

闺蜜指南：

闺蜜不是老师，不会分分钟教你做人，但闺蜜会亲身实践，用自己的故事，自己的状态，来引导和启发，让人惊醒和参考。闺蜜的话可以不听，但闺蜜的经验教训不得不看在眼里。不是滴滴血泪就是夜夜欢笑，按需下药，越过越好。

被动性格的可怕处在于，喜欢把很多事情交给“顺其自然”四个字。我们感受到的顺其自然，很可能就被有心之人给“处心积虑”。突然递上来的那杯免费咖啡，好喝的同时，谁知道会不会掺有药水？自己多走几步，花点钱，大声对服务员说出我想喝半浓摩卡，有那么困难吗？确定知道自己想要什么，然后多花点力气去争取，不难的。独守空房，等人主动，要么被孤独，要么被骗。因为你喜欢的那一款，说不定也是被动的。你的先声夺人，对于他而言，就是一种顺其自然了。如果被拒绝了，刚好省掉暗恋的时间，尽快调整目标，瞄准下一个。顺势在我，成事在天。

003. 掏心掏肺没问题，问题是怎么放回去

文：Boya

小梅一直觉得自己没错。

每次遇到合适的场景和人物，她就愿意倾诉自己的故事，哪怕这个故事被重复了 23000 多遍。正是因为被讲太多遍，表达才更加纯熟，如果是第一次听的人，还是会被打动的。

小梅只要认定对方是闺蜜，就会开启一种秘密交换的模式，但是她从来没有想过，那个判断对方是闺蜜的标准线到底在哪里。甚至在某一个阶段，这种判定，就好像在广东街头，一个卖菜的小贩，看见是个活动的人类，就会高呼对方“靓仔（帅哥）”“靓女（美女）”。所以那个时候小梅需要的，并不是一个闺蜜，而是一个讲心事的开关，对方只需眼神对上，就是闺蜜。

“哎呀，我也没有那么随便啦，也要人美心甜气氛佳，我才会和盘托出的。”小梅从来不觉得自己有什么错。

气氛这事很难讲，至少也不会路上随便逮个人就告诉她自己那些事。

那些事也分类，有一类是炫耀级别的，公司年终奖抽了一部手机、买了个好包包、刚刚从国外深度旅游回来、可以在品牌店拿到专项的折扣、先看了市面上还没上映的电影……这种事情，是巴不得举个牌子，奔走相告，录成小影片，遇到的每个人循环对他们播放200遍，但做得太明显的话，就显得自己有点急相，不优雅，不高明。

小梅试过把这些事情都罗列在记事本里，也是两个用途，一个是在水逆倒霉的时候提醒自己实际上还是一个幸运的人；另一个是在遇到喜欢显摆自己的闺蜜时，好好提醒她，你的惊喜只是别人的日常。

攀比幸运这种事情，很少发生，毕竟比完之后两人的友谊世界也无人生还。

更多对闺蜜们说的话，还是寂寞和苦楚。

小梅上周在公司门口的咖啡馆和一个女客户聊天。本来是公事，一开始还是端坐着商业互吹，你家公司是科技新贵，我家公司是明日巨头，话题也开始往自动化方向飘，不出意外的话，十分钟后两人就要愉快地结束畅谈，之后就微信邮件对接了。

女客户喝了一口咖啡之后，无意瞟了一眼手机上的时间。表情从怡然自得变到有些恐慌，然后从包包里掏出一个药盒，一个保温瓶，赶紧服药。

小梅关心地询问对方："没事吧。"小梅这个时候才低头看了看刚才交换的名片，对方叫陈丽。赶紧补叫一下对方的名字，"丽丽"。

这么叫没问题吧，像姐妹。虽然也不清楚对方真实年纪，以妹妹的口气来交流肯定是没错的。

"其实没什么，就是要准时吃药。说起来，还是我的前任害的。"

"噢。"小梅轻轻地回应了一下，她内心的真实想法应该是：哇，三分钟内我要知道你所有的病情和他所有的情报。但是小梅没有这么说，她若有所思地侧了侧下巴，说："我们早就要学会对自己好一点。"

这句话是从上一家公司销售组组长李姐那里学到的。第一次听到这句话的时候，小梅抱着李姐哭了一下午，具体因为什么倒是忘记了，但哭完之后，在公司里面就好像有了依靠，两人黏在一起朝夕相处，仿佛世界上没有老公和男朋友这种生物。小梅慢慢知道李姐的所有秘密，不是炫耀的那个领域的，而是和她有关的生老病死。李姐来自小地方，年纪在公司算老了，身体上有不方便告诉别人的一堆麻烦，上个礼拜抽空去郊区给自己买了一块墓，家里人都不知道这些。

好像知道了点什么，就必须交换点什么一样。小梅在数次午餐晚餐的相处中，也说了自己的很多心事秘密，甚至把自己大学时候让男朋友帮忙黑进考试系统，修改了分数的事情也透露了。不管小梅说啥，最后李姐还是最开始的那句话“我们早就要学会对自己好一点”，来结束话题。

掏心掏肺没问题，问题是怎么放回去？

事后每个细节回忆起来，小梅开始后悔自己把话说得太尽，掏心掏肺，就意味着把自己的把柄交了出去，对方什么时候出招还不一定，在这种隐忧之下，和李姐的关系也变得有些微妙。

一年之后，小梅在和人事部门核对资料时，在叠纸和叠纸之间看到一行李姐的手写评语：“诚信不佳，在大学期间有作弊行迹。”

其实小梅没有看到整页的资料，但这一行字，很明显就是在说自己啊，如此把两人闺蜜时间聊天的内容，郑重其事地写在职场评语当中，寥寥几笔，就会让自己升迁无望。联想到最近工作上好几份资源都被移交出去，年终奖金也莫名降了一大半，小梅感到有些恶心，但她不能明着去撕×。自己劣迹在先，虽然公司没有证据，但一开口，自己就会输。

事不宜迟，小梅很快提出了离职，公司批复得很快。顺利得让小梅怀疑是有人故意让她看到那一小页评语。

离开公司前，李姐特地约她出去聊聊散散心。小梅拒绝了，她有点演不下去，做到不把一切说破，不去质问对方前因后果，已经相当吃力。当作一切都没有发生过，好难。最近和同事之间交流，李姐告诉她那些买墓啊什么的故事，和实际情况有很大出入，也就是说，她知道李姐那些事，毫无杀伤力，而李姐知道她的秘密，有些说得上是真正的秘密，公开后是会要命的。

致命的伤害发生在小梅离职后一个月。经人介绍，小梅找到了新工作，也找到了新男友，约会一两次后，小梅认定和他可以再进一步。这个认定是默默的，没有对男孩讲，也没有对朋友说。

男孩开始放心地给小梅看自己朋友圈的照片，在一张家庭合影中，小梅发现了李姐。至此之后，小梅默默把那个认定给收了回去，她和男孩慢慢变成了普通朋友，又慢慢从普通朋友变成了朋友圈里假装互相看不见的朋友。

小梅为什么没有当面质问？所有的被害都是自己私底下推测的，也许那个人事部的评语不是写自己的，也不是李姐写的，即便李姐是那个男孩的亲戚，她也不会随便说自己坏话吧。小梅偶尔小醉的时刻，也不断责怪过自己。应该把事情问清楚，即便事后证明和自己判断的一样，那结局不过是和预期的一样差。

这就是不敢揭开伤疤看伤口的下场，让它默默发疼。

清空所有，推倒重来，小梅最后记住了李姐那句开场白，“我们早就要学会对自己好一点”。

记住了这句话，却没有听到心里去。

她觉得这句话有点像把钥匙，在对方脆弱的时候，适当扭动一下，那扇心门打开之后，聊天就会进入掏心掏肺模式。

“我们早就要学会对自己好一点。”

当下，小梅对眼前吃药的陈丽说了这句话。陈丽吞咽了一下口水后，摇摇头：“梅姐，这个世界很不公平的，我们只有在对自己下狠手之后，才开始有资格对自己好的。等别人捅一刀才反应过来，一切都会太晚了。”

小梅又有点想哭。她的钥匙碰到了一个防盗锁。恍惚间，眼前这个陈丽变成了李姐。

小梅有点失控，说：“李姐，你为什么要这么对我？”

……

小梅心里特别清楚，她问错了人。

闺蜜指南：

有秘密，尽管和闺蜜交流，但事关未来生死的大秘密，少说一句是一句。

闺蜜不是一个固态状态，有时比恋人还不稳定，今天掏心掏肺，明天可能就是隔岸死敌。

不是没有闺蜜值得相信，只是要知道该说什么，不该说什么。有时候，一些痛苦分享出来，只会变成双倍的痛苦。

如果心生怀疑，就通过相关渠道问个明白，只在心里推测，会慢慢生出怨气，最后变成当事人也难以磨灭的心结。

004. 再心动，也不要对闺蜜的对象心动

文：Boya

小梅想过一个人过一辈子是什么样子的。她有个小姑姑，虽没有血缘关系，也不比她大多少，但因为是小梅爸爸那一辈的，所以就这么叫了。她的这个小姑姑也是一个人过了很多年，状态保养得不错，全世界旅游，还会给她邮寄很多明信片，长了见识，也没有牵挂，但是她觉得这是因为她姑姑有两个大前提，第一是有钱，第二是长得有姿色。除此之外也为人热情，这样出门在外，不会一副受欺负的脸，遇到善良的陌生人，还会得到各种帮助。这样的人自己和自己相处也不会感觉到寂寞。

比较起来，小梅觉得自己各方面都差那么一截，一个人目前的存款，买房是大大的不够；凭自己的姿色，也比较难打动

路人，大家只会对她嚷嚷："去那儿排队！"；至于主动性，就更别提了，要做点什么，得旁边的姐妹团怂恿几十遍，才敢小小冒个头。说到底，就是不敢面对，一旦有什么差池，最好有个能怪罪的人：都是她，自己才误入歧途的，自己不是主谋，罚不到自己身上。

有段时间，小梅觉得找到了这么一个人，就是她小姑姑。

那个时候小梅刚刚上大学，和保养得当的小姑姑站在一起像一对姐妹。那个时候的姑姑，做什么事情都喜欢拉个伴，买东西买双份，觉得吃起来更香甜。再加上姑姑谈的那一个男朋友，姑姑把她男友和小梅左右牵着往路上这么一走，什么都不用怕了。这个相处过程中，小梅从没觉得自己像一盏电灯泡，因为小姑姑没有花太多时间和男友亲昵。小姑姑总是拉着两人随心所欲地走着，喜欢什么就指挥小梅去买，随后男友主动付账。那段时间还没有流行女王的说法，但小梅也深深感觉到气场这回事儿。

每次小姑姑来家里带小梅出门，家里人眼皮都不会抬一下，觉得有大人带着，不会出什么事。小姑姑就好像小梅从儿童到成人之间的大门，回家的时候，一副长辈的样子，出门就当姐妹。很多和男朋友相处的语气和分寸，小梅看在眼里，时常会露出艳羡的神情。

说起来，小梅也是眼睁睁看着小姑姑交了好几任男朋友。

从刚刚交往，到如胶似漆，到百无聊赖，再到相互折磨或者无疾而终，小梅像一台纪录片的摄影机，一点一点记在心头。这样的观察，和看电影电视剧不一样。影视剧是讲戏剧效果的，两人关系一定得发生点什么事情，而走在小姑姑身边观察她的爱情，就容易钻到细节中去。随着这样的细节增多，小梅对这些男友的记忆，也不再是具体的姓名，而是对方一些特别的行动。有一任，包包里从来不放低于100元的钞票，每次掏出来买臭豆腐和麻辣烫的时候就会很麻烦，那个时候还没有对方怎么会这么有钱的势利想法，单纯觉得没有零钱很麻烦；还有一任，每回笑的时候就低着头发抖，远远看着好像一个动画片里得逞的神经病坏蛋。这些细节，连小姑姑都没发现，那个时候，小姑姑的标准在有钱和好看两点之间来回摆动。

小姑姑也是奇怪，明明是和两个人，一个男友，一个看上去是妹妹的侄女一起出门，却从来没有想过，这两个人之间，会发生什么，就好像自己是座大墙，另外两个人的世界压根不会有交集。

好巧不巧，有一次，碰上了一任让小梅都有点心动。对方高高大大又很有礼貌，感觉读过一些书，很多表达都很有分寸，不像其他男友，全部注意力都在小姑姑身上。这一任买零食时都是主动买上好几份，第一个给小梅，第二个才给小姑姑。有一次小姑姑还为这个假装生了气，两个人纠纠缠缠好几个回合，末了也是无疾而终。小梅看在眼里，不知对方是在瞎闹还是认真，但这个心动也就到此为止。原来也就是一个念想，这么一通下来，各方还没有表态，小梅自己就蔫掉了。

蔫掉的表现就是，事后那一任男友单独约自己出去玩，小梅想都没想就拒绝了。这次邀约她也没有和小姑姑提起，但她觉得小姑姑一定知道，因为从此之后，小姑姑对待自己的态度有些微妙。说好吧，两人单独出去的次数更多，她还主动给小梅买了很多少女喜欢的包包和裙子。看账单，小梅都十分吃惊，怎么那么多零。说不好呢，小姑姑几乎没有再带小梅和男朋友一起出去玩过。

有一次在街头，小梅主动询问小姑姑现在的恋爱情况，小姑姑说："很久都没找了，觉得也找不到了，人一辈子很多事都有配额，提前用光，后面就没有了。也有可能是自己前面贪多求快，一直换一直换，换到无论是谁都会觉得没有味道。你还记得很多年前家门口的餐厅有个可乐畅饮的活动吗？就是去那个餐厅，可乐随便喝到饱，那一次我和你不知喝了多少杯可乐，一肚子气，之后我再也没有喝过可乐，一下子对可乐就脱敏了。我的男友，就像那个晚上的可乐一样，现在要缓缓，可能过几年，又会有需要了。"

小梅似懂非懂地点点头，她其实想知道小姑姑不再交男友是不是和那次那个高大的男友有关，看来是高看自己了，小姑姑只是主动选择走入一个人过日子的阶段，她不会被那些小事所影响的。

过了几年，小姑姑离开她们所在的城市，先是全国旅游，然后全世界旅游，也从那个时候开始，她习惯给小梅邮寄明信片，告知她自己在哪里游玩，只是上网这件事更方便后，小梅也不见小姑姑在朋友圈和微博上晒照片，更别说她和男人合影的照片了。

在一次过年的时候，小姑姑也在，没多少变化，一个人坐在位置上嘻嘻哈哈地笑着，大概也是她的年轻状态把全桌人都带动起来了，大家都在聊旅游趣事，居然没有一个人询问她为何至今还没有找到伴侣。

饭后家人零零散散地坐开，小梅想办法和小姑姑坐在了一起。两个人并排并肩，偶尔转头看着对方。小梅拿出这么多年来小姑姑寄回来的明信片，一张一张询问旅游的见闻，老是说自己有机会一定要去那里一趟。

小姑姑说："可以啊，我们明天就可以飞。"

"我明天不是要回村里姥爷家吗？"

小姑姑讪笑道："对哦，我可以说走就走，你还有那么多事，等你安排开来，我们再一起去。"

小梅问："只有我们吗？"

小姑姑说："人多了我照顾不来，超过两个人我就会疯掉，两个人都还显得挺满的。"

小梅说："去了这么多地方，是不是大多数都是两个人的时候？"

"对啊，我给你看。"小姑姑掏出手机，打开相册，好多都是小梅从来没见过的合影。

在那么多合影中，基本上都是陌生的脸，小梅突然扫到一个人，是那个很多年前约自己出去的男子。小梅忍不住“咦”了一声，小姑姑对这声“咦”很敏感，把那张照片点开，放大。

回忆瞬间拉到那一天，那个男子买了两份零食，一份给小梅，一份给小姑姑。

“你知道吗，小梅，那天他给你买零食，我是很生气的，我之后做了一件挺小气的事情，我怂恿他单独约你出去，你没答应，我不知道你是识破了，还是不敢，反正就是没往你对他真的没意思方向去想。从那个时候开始，我把你当成了闺蜜，而不是侄女了。然而你知道吗？有种闺蜜，是要防范的，且是全方面的防范，所以我再遇到什么男人，和他们发生了什么，不会和你讲，不会和你家人讲，刚好，你家人也是我的家人，所以都不能讲。”

“但是，这并不妨碍你找男人。”

“对啊，找到了，确定了，然后就卡住了，我不知道是不是因为你，我才一直没结婚的。”

小梅没想到小姑姑会抛出这么一个结论，给自己安一个如此庞大的罪名。

“不要被吓到了，我乱说的，怎么可能是因为你，你什么都没做，都是我自己的内心戏。你在我的内心戏里，已经演了1800多集了。”

“对啊，你是双鱼座，内心戏超多的。”小梅没头没脑来了这么一句，她有点不知道这场聊天应该怎么结束。就好像多年前，那个高高大大斯文的男生打电话过来，单独约自己出去的时候，自己不知怎么挂掉电话。

更奇怪的是，小梅是一点都想不起来那个男生到底叫什么，明明他自我介绍了那么多次。

自己莫名挂念他，也这么多年了。

这分明是一件小事啊。

闺蜜指南：

不要抢“闺蜜”男朋友，不管是小主动，还是大被动，不管是小动作，还是真出轨，但凡心里有那么一点意思，再微小的心动都会被看出来，这个不是智商问题，闺蜜再傻也会秒感应，之后会诱发更多的尴尬。最后发现，全都不值得，很多人只记得撕扯的过程，甚至男方的姓名长相和身材都会模糊掉，但你对闺蜜的愧疚和闺蜜对你莫名的怨气，都是无穷大的，最好念头都不要有，抢人一时爽，仇恨绵绵长。

请记住，这不是演习，这不是演习。至于怎么忍住对优秀男人的好感，那是另外一套课程。这里只是一场莫名灾难的先期提醒。提醒而已，可以不执行。有些心动，忍不住的。

005. 猫狗从来就不是恋爱的媒介

文：Boya

牙米又养了一只猫，小梅趁机捧在手心里玩了好久，还起了新的昵称，久到那只猫都开始误以为小梅要成为它的新铲屎官了。这就是云养猫狗的好处，从身边朋友那里蹭一些宠物来摸摸，内心会得到不少满足，特别在没有伴侣的情况下，这些“小毛孩”会起到一定的替代作用。虽然说人和动物不能比，但生活的时间是固定的，你花了时间出去嗨，就没有精力逗猫遛狗。

小梅吃过那些爱情电影和情感节目的亏，里面有个神逻辑，就是建议去养一只宠物，理由第一是培养爱心，第二是独居的人习惯了在一个空间里面没有其他生命，有宠物的话，也是一个适应测试。

这种建议和建议大家跑到街上去撞大运差不多，就是只管一个开头，等听众和观众奉命行事之后，才发现接下来的事情千奇百怪、状况频出，最后重点会落在养回来的这只宠物怎么收拾、怎么照顾、怎么相处上，至于想靠它来认识对的人的初衷，不知被扔在哪一站了。

美剧里面更是有一个常讲的笑话：25 岁时本来想靠养只猫来打发一个人的时光，伸手过去抱猫咪，一抬头，已经 35 岁了。

猫狗的移情作用这么大吗？当然，小梅一直当这个真的是个笑话。她还是记得在电影里面，猫猫狗狗总是作为善男信女认识的媒介，用作认识陌生人聊天的小开关，假装交流宠物知识就能变得熟悉。基本忘记电影里面从初识到终成眷属最多也就 120 分钟。

现实生活中，和一些喜欢猫猫狗狗的人聊了几句之后，剩下 23 个多小时都要单独和宠物相处，焦点需要集中在它们身上，冷暖卫生，粮食适配（现在养猫养狗已经基本上不会喂剩饭剩菜，被谴责还是其次，主要还是之后宠物的胃病更拖累人，一来二去的医药费，比单独去买猫粮狗粮要贵上几倍）。小梅不是没有试过好好和宠物相处，而是真的知道自己照顾不了其他人的性格。刚刚领回家三天试养的博美犬，就在七零八落的失眠中决定赶紧把狗送回。

“你不能这么快就放弃了，谁第一天回家就睡得美美的了，共处几夜之后，有了感情，它再吵，你也是不会送人的。”牙米这么规劝小梅，“我是家太小，照顾不过来，不然我还是会多养几只的，这样宝贝们就不会孤单了。”

“你这个叫宠物囤积症。再大的房间也不够你养。”小梅随口攒了一个病。

“你连狗都不给机会相处，如果碰到男人，更是第一时间被你给拒绝了。”牙米企图把话题上升到婚恋高度，不再聊宠物话题，她甚至觉得小梅算是和宠物绝缘了，再勉强养下去，也会变成被动虐猫虐狗女，最后遭到全社会的谴责。

“我怎么可能拒绝，现在只要是个男人，我就点头答应。”小梅撂了一句狠话在这里。

“这样也不行，你万一碰到一个是个女人就扑的泰迪型的，躲也躲不掉啊。”

“男人跟狗没什么两样。”小梅顺嘴接了一句玩笑话。

“哈哈哈哈哈。”养了两条狗的牙米听完之后，觉得有几分道理，边笑边点头，又不知该接什么话。牙米早期曾经带过自己的狗去上训练学校，那个时候，教练有几句话反复叮嘱：

“你骂小狗，它是听不懂的，反而觉得你的情绪起伏，因它而起，会显得骄傲。哪怕你打它，它之后都会忘记，反而会记得因为它做了这些错事，你有所反应，如果小狗想再次和你互动，就会重复那些错事。”

“那我该怎么办呢？”

"赏罚不分明。如果狗听话，就多多奖励，如果狗做错了，就通过示范，诱导它做对的事情，然后再奖励。"

"真的很难控制哎。"

"你试试看……"

牙米没有想到，这个提醒没有在自己狗狗身上实现，反而在男友身上得到了印证。有一次，男友没有换掉外出穿着的衣服就直接睡在了床上。牙米想发火，发火前一秒，想起驯狗教练叮嘱的话。

第二次，男友回家后还是很自然地想躺在床上。牙米跟在后面，主动把男友的衣服脱掉，男友以为她想要亲热亲热，就趁势抱在了一起。一番云雨之后，牙米说这是对你回家就脱掉外面衣服的奖励。

男友歪头一问："衣服不是你脱的吗？"

"重点不是谁脱的，反正就要奖励这个好习惯。如果下次还这样，累积五次，你想买的那双球鞋，我帮你搞到。"

第三次，不知是不是真的有效，男友很自觉地换了衣裤。牙米如约上前吻了一口。第四次，第五次，男友很顺手地换掉了衣裤，并且之后只是自己在刷手机，没有特地要奖励。

"习惯就这么养成了？以后他再也没有随便上床了？"小梅一副不可思议的样子。

"没有，我们很快分手了，他看到我在对我家狗说一样的话，内容就是把球鞋换成高级狗粮。他说他感觉自己像条狗一样被控制，说我在家里注视他的眼神就像盯着第三条狗一样。”牙米吞了一下口水，语气不是太可惜，可能真的是因为家里的猫猫狗狗需要照顾的多，丢了一个男友而已，无足轻重。

“你去找那个驯狗学校的教练投诉了吗？”小梅问。

“怎么可能，他说的是驯狗经验，我拿来驯男人，苦果当然要自己吞，只要对狗有效，就值回学费了。”

“不对，我觉得你不是特别可惜和后悔的样子。”

“我会后悔的，也许等我再老一些的时候吧，目前觉得可以替代男人的东西太多了。”牙米无所谓地说。

这下，小梅不干了，“喂，不对，是你之前规劝我要找个男人的，现在又在说男人无用论？这不是前后矛盾吗？”

“切。”牙米白了一下眼说，“像我们这种有宠物有节目有安排的人，男人只是备选。但是你连宠物都搞不定，当然就要选一个来搞定你的男人。”

小梅不想陷入和牙米的鏖战辩论中去，而且输赢根本没法帮助她找到男人。她反而在思考，如果将来的男友也养宠物，是不是也存在要和这些小宠物争宠的困扰。

牙米收起刚才的玩笑表情：“如果是在两人认识之前对方就已经养了狗，你在他心中的地位可能很长一段时间都没办法超越那条狗，但如果两人认识后，一起领养了一只宠物，两个人的感情反而会因为这件事情得到升温。先来后到这件事情，不要简简单单以为就这么四个字，这个世界很多规律都逃不过这个先来后到的魔法。”

小梅接着问：“那我还要在交往前特别注明，家里最好不要有宠物，等我去再一起养？”

“这也很难，喜欢宠物的人，你去之前就会有了，不喜欢的人，你去了也不一定有，但是有精力和财力养宠物的人，在时间和金钱的安排上，不会特别没品。”

小梅有点乱：“到底是养好，还是不养好？”

牙米说：“呵呵呵，养不养都是一个承诺。喜欢不喜欢反而要放到第二位。这个承诺在于，你要负责它的衣食住行吃喝玩乐、健康与否扰民与否。如果没法兑现，尽快安排下家，不要随便丢弃和放任。宠物也是生命。”

小梅啊了一句：“那不是比谈一场恋爱要复杂很多。”

“当然，恋爱只是一个阶段，也是你一天24小时的某个部分。如果你养了宠物，对于宠物而言，24小时都要归你管理。你是它的全部啊。”

“我觉得我们对待这个问题有点本末倒置了。你现在完全没提怎么找男人啊！”

牙米撇嘴摇头：“姐姐，你看看我，像是有找到好男人经验的人吗？”

闺蜜指南：

不要试图把宠物作为交友的滤镜，它们有可能会在第一次见面的时候加分，但之后每分每秒相处，还是会禀性大露。这个道理，和有钱没钱一样，第一次见面看到的信息，都不能作为之后交往的参考值。只能说，在塑造第一印象时比较有一手，一旦被发现和真实生活有出入，反而会被扣分。

饲养宠物的动机可能是一时冲动，但也是一种承诺。要本着对生命负责的心态去完成整个过程，一旦发现自己和自己居住的环境不适合，迅速想办法给小动物寻找一个去处，切莫耽误时间，随手遗弃更是最大的忌讳。

不管学到多少驯猫驯狗的小窍门，即便是想用到男女朋友身上，也不要被发现。不然，说出去也是太伤自尊了。

006. 有一个能一起素颜的姐妹是什么体验

文：Boya

还完信用卡之后，小梅觉得自己更穷了一点。

女孩谈恋爱是要花更多钱的，而且难以计算收益率。当然，说收益率什么的太俗气了。

女孩不谈恋爱也要花很多钱，如果谈起恋爱，会显得花这个钱更值一点。小梅每次这么想的时候都觉得这样会不会有点封建，搞得花枝招展，最后都需要靠一个男人来给自己的消费一个说法。说起来，单纯做做指甲、画画眉毛哄的是自己和姐妹开心，如果自己弄了个新发型和改了个口红色号，一下子就被男伴侣给识别出来了，矛盾的是，对方没有发现会不开心，对方第一秒就发现，也会不自在，觉得男人不该对化妆品这么投入地了解。

“讨好自己这件事，做成了，不应该更有成就感吗？哪还管其他人，一个人最好的修炼就是擅长对自己好。”李欣然夹了一大块鸭肠塞到嘴里说。

这两个超龄少女约好一起减肥，不吃淀粉一周之后，终于互相和对方坦白坚持不下去了，下班后立刻打车到最近的火锅店，调好昨晚在梦里演习过很多遍的独家酱料，噼里啪啦吃起来。

“现在吃得是很满足，但每一口都是陷阱，今天踩是一个小坑，明天的坑又深了一点，大后天，就爬不出来了。”小梅一边痛斥自己，一边让服务员加点饮料。

“你说我惨不惨，我堂堂一大媒体公司经理，微信好友过四千，纯粹想约出来大吃一顿的人就只有你和大眉子了。”李欣然边吃边控诉。

“你要约别人也可以，但不符合你在朋友圈的形象。”小梅这句话说出口，觉得有些不是滋味，合计着自己算是对方见不得人的朋友？不是自己拿不出手，而是对方愿意和自己做些“见不得人”的事。前几天，李欣然还送来一张时装发布会的入场券，但打开衣柜，唯一的一件晚礼服甚至是去年公司年会现刷的过时货，不单单是起了褶子炸了线，衣袖也发了霉。要不是这次翻箱倒柜，都想不起来扔。每天穿运动服上班的小梅顺手捏了捏腰部流出来的肉。

而这个所谓见不得人的事情，也就是尽情放量吃顿火锅再喝点啤酒。

“所以，小梅，我觉得你是我的好朋友，你知道标准在哪里吗？”

“因为我见过你素颜的样子？”小梅说这句话的时候已经把在公司简单的妆给卸掉了，这种状态吃火锅，才是真正能够放肆的。有一个不太对称的情况，愿意和小梅一起出来享受美食的朋友不止李欣然一个，但这个情况，不太能够说出口。估计私底下自己已经被起了一个“素颜伴侣”的外号，就是在最放松、最“丑”的时刻，还有个伙伴陪着一路奔放。

“这也是其中一个标准了，主要是和你在一起，不怎么花钱。”

“你在说什么啊，不花钱就能成为好朋友，显得这段友谊好便宜。”小梅觉得李欣然像在说胡话。

“想想看，我和你相见，没有任何压力，就算我前一分钟还在床上，睡得龇牙咧嘴，后一分钟接到你的吃饭微信，我第三分钟就可以下楼，我们第五分钟就可以坐在我家楼下的烧烤摊撸串。这样的友谊，可不是每个人都能享受得到的。”李欣然继续说，“你有没有想过为什么？”

“因为我们都见过对方最难看的样子？”小梅想起自己有一次失恋，找不到地方发泄，李欣然陪着自己跑到市中心公园去淋花园喷出来的水装悲情女主角，大声对苍天表演陆依萍

（影视剧《情深深雨蒙蒙》中的女主角）在大雨中仓皇失措的遭遇，两个人都被水搞得头发贴头皮，又狼狈又好笑。自己还一鼓作气在跑道上滚来滚去，大唱“老司机送送我”，差点被公园保安报警送到派出所。据这个公园的保安透露每个月都有十几个失恋的人来这里发疯，如果只是吵十分钟，也就算了，那一次小梅在公园里面蹦蹦跳跳了三个小时还不准备撤退。“年轻人体力就是好。”保安最后发出了感慨。

“是啊，难看和丢脸的样子应该就是我们最大的秘密了，我们都知道对方的德性，低得不能再低了。我们是患难小姐妹。”李欣然突然精神一振，给空气敬了一杯酒。

已经三杯啤酒下肚的小梅，还没有醉意，她有些小心酸。人前风光的李欣然卸下防备之后回来找自己畅饮。不是说她在嫌弃什么，她也给过小梅机会，一起出国游玩、见识音乐会、介绍大明星。但每次小梅都唯唯诺诺，显得不好意思，一来二去，就自动变成一个隐形的朋友。学过一点点编程的小梅，也是打心底觉得到今天这种相处局面，有一半的功劳要归自己。回忆起曾经两个人大吵一番，就是在一顿五星自助餐之后，小梅问出那句：

“你把我带出来，是要把你显得更美吧？”

李欣然当场翻脸：“你互撕真人秀看太多了吧，什么美女旁边会给自己设一个丑八怪闺蜜，要说丑，你丑也没丑到那个份儿上啊。”

最后李欣然边说边有点喉咙被堵住的状态，扔下一句：“我不想陪你演内心戏了！”转头走了。

那一次小梅觉得自己丢脸又胸闷，一个人提着不合适的长裙，一声不吭从酒店晃荡回了家，神奇的是这次没哭。一路上她觉得李欣然没错，她也没错，都没错，但就是搞砸了。中间两个人冷战了几个月，互相屏蔽了朋友圈，小梅还通过小软件测试对方有没有微信拉黑自己。

对方并没有拉黑自己，小梅认为姐妹之间还有些余地。

两个人默不作声沉默了好久，都在等对方给一个主动，但一直都被那句神经病的话“谁先开口，谁就输了”给紧箍着。

一直到一个大雨的晚上，小梅一个人跑到麻辣烫串串店点了好多蔬菜，看着锅里慢慢煮熟的蔬菜，才发现自己点多了，这种菜又没法退。正在一脸为难的时刻，李欣然素颜扎辫叉腰站在她面前，假装很自然地坐下，拿起煮好的香菇就咬了一口，一边吃一边瞪小梅。

“再不吃就煮烂了。”

小梅鼻酸一秒，微笑不止。如果以后还会闹翻，最多下次换她主动去修复，小梅觉得有的影视剧可能没有乱编，女人之间，就是会莫名其妙崩坏，也会突如其来和好，跟闹着玩一样，没有规律可言。归咎起来，自己还是有错在先的，李欣然漂漂亮亮，职场得意，和自己的生活差距越来越大，还肯拨出时间来维系这段友谊，一定要问目的的话，是得不偿失的，这么直接去问李欣然原因也显得太冒犯。生活中一般朋友之间的闹翻都是默默地，逐渐地，先是朋友圈仅三天可见，然后基本清空，最后共同所在的群都有意识地沉默，所以当和一个社交能力较强的朋友淡了之后，会有被半个世界孤立的错觉，世界很大，朋友圈很小，小梅这几个月，过得不易。

李欣然不是那种分分钟教你做人的成功女高管，面对小梅的时候，她还是素面朝天，大口喝酒，情绪到了也脏话连篇。至于为什么会选择小梅做好姐妹，李欣然回复的理由很莫名其妙。

“我舍不得你，我和你在一起的时候，桃花运莫名其妙特别好。”李欣然半认真半开玩笑的表情对小梅说道。

“所以你来找我就是想要男人了是不是？”

李欣然点头。

“那我也要。”这句话，小梅说得理直气壮。

闺蜜指南：

闺蜜之间容易吵架和闹翻，有时表面上看起来是为一句话，但背后积攒的埋怨和嫌弃可能已经很久。平时的亲昵和依赖都是真的，但翻脸时的恨意也是真的。

和一个交友甚广的姐妹成为闺蜜又闹翻，要承受“半个世界”不和你来往的风险，解决办法有两条，第一是复合，第二是去和另外一个有交集且交友甚广的姐妹成为闺蜜。

闺蜜不是老师，每时每刻都在指导有意义的事情，建议有时有用，有时离谱，更多的时候，是好好相处兼打发时间。

007. 那些在老家劝你结婚的老妹们

文：Boya

离开家乡之后，小梅是不习惯参加自己的中学同学会的。

五周年的时候没回去，六周年的时候也没回去，这次七周年，自己回去了也不准备参加同学会。就见一两个当年聊得来的女同学。小梅是这样想的，当年和那些不熟的同学就已经不熟了，没必要现在加温。一直维持好一两个就行。

在本地生活的女同学欢欢不这么想，她和已经在大城市工作的小梅不同，对她而言，多认识一个同学，就多一个生活中不被骗的可能，即便大家关系没有那么亲密，但还是要保持一定的联系量。一旦有风吹草动，熟人还是管用，真的管用。

欢欢把小梅叫到家里来吃饭，赶走老公和小孩，给她看手机里面老同学聚会的照片。

小梅一张一张翻着，感觉很诡异，里面的人明明眼熟，中间只隔了这么几年没见，肉体膨胀的肉体膨胀，大脸整容的大脸整容，除了眼球还能挖出一些回忆，浮现出来的一张张脸，配上手机美图后的磨皮效果，一时之间，小梅竟然笑不出来。

“你看，这是杜杜，他现在在银行工作。当上主任两年了。你要在这里买房贷款就找他。”

“哦。”

“还有这个，在电影院当经理，我们现在看电影都去找他，不要钱。”欢欢每指到一个同学，都说出了他们当下的一点点作用。

“你看这个郭轩，当年还挺好看的吧，现在保养得还行，还没结婚，现在在同学群里面可受欢迎了。对，你也还没结婚，要不要我们三个组个小局，我记得郭轩当年对你是有些意思的。”欢欢握拳放在嘴边，回忆起读书时那些琐碎的片段。

“不用不用，我这次回来也就待几天，见你就够了。”小梅第一秒反应是拒绝，第二秒是觉得见见不吃亏。说起好感，自己当年对郭轩也有些心动。

没想到欢欢就坡下驴，也摆手说算了：“他现在在一个私企，感觉前途一般，你和他聊上了，也很难有下文，最多也就是玩玩而已。还不如刚才的杜杜，杜杜刚离婚，更有发展潜力。”

小梅“嗯嗯啊啊”回应着，看着欢欢把手机里面的老同学逐一回忆了一遍，尤其是男同学们，现在做什么工作，是否婚配，孩子几岁了，前几年谁得了什么病，谁做生意不顺，谁也远走他乡细节未知。标准就是一个——他们适不适合成为小梅未来的伴侣。

刚刚开始，小梅以为欢欢是存心为自己做媒，说着说着，又察觉到欢欢这套说辞是几年来在这个小城市生活的全部线索，她应该是逢谁都会聊起这个由头——“谁谁谁适合马上拿来结婚”。

一个马上准备怀二胎的妇女，为什么会像一个着急结婚的恨嫁大龄女子呢？这个角色不是应该自己来扮演吗？为什么自己这么像一个局外人？

“你一个有老公的人，怎么这么关注婚恋市场啊？”小梅终于忍不住问了这个问题。

欢欢被问住了三秒，然后笑笑道：“我这不是为你着想吗，还不打算结婚？如果大城市找不到好人家，我们的小地方，也要注意行情的啊。”

“我看你的行情内容，不是随口想的，就算去掉这些同学，感觉你手头上一定还有大批男人的情报。”

“你怎么知道？”欢欢瞪着眼睛回应。

“你现在的脸，就是一副本地人肉婚恋网站的界面。我想要知道什么，你马上就给我配对好了。我不担心你给我找的男人不行，我就是好奇，你怎么变成今天这个样子了啊？你老公知道你搜罗这么多男人的资料吗？”

欢欢小声哼了一句：“他？忙事业，顾不上。我变得这么像媒婆，也是这些情报太好玩了，比电视剧好玩多了。你知道这个公式吗？身边人的八卦大于同事的八卦，同事的八卦大于明星的八卦。”

小梅点头说：“我知道啊，我也会八卦，但我没有你这么深入。”

欢欢觉得话题聊深了，叹了一口气说道：“小梅，我嫁得不算很好，也不差，比上不足比下有余，结婚后最多的情绪你知道是什么吗？是后悔。后悔结婚早了，现在这个其实不是最优选。我们读书的时候看言情小说，矫情的女主角不是会问这个问题吗：‘眼前这个人，怎么确定就是对的那个人呢？万一以后碰见更好的怎么办？’

“现在，我有答案了，是会碰见的，而且不会只有一个。但就以老同学们作为选择范围，起起伏伏好几拨，有多少个种子选手就这么被我错过了。我心有点不甘，但又不敢真出轨，就披了一个给老同学拉媒的外衣，填充大把闲下来的时光。”

“你不带孩子吗？”小梅问。

“这不是刚刚上幼儿园，我喘上了几口气。”

“既然说后悔，那就不过了呗。”小梅提出了一个快刀斩乱麻的方案。

“小梅，你知道那种又后悔又怕后悔的心态吗？”

“你说什么？”

“就是心里很后悔，但只占一部分情绪，其他方面还是OK的，比如孩子很可爱，婆婆也不刁难，老公也老实，现在如果看上哪个条件好的，也只是看到一方面，后面的多层全方面的资料都难以保证，怎么能确定抛下现在这个，接下来那个就好上加好呢？我现在这个不是最优，但在我的控制范围内，已经是很稳定平和了。”

“那你还介绍给我？你这叫什么知道吗，叫贪又怂！”小梅翻了一个白眼。

“怂点好，有风险意识，我也不敢肯定说新人一定坏啊，就拿我老公玩电子冒险游戏的心态和你说吧，我是第一个玩这个游戏的，走了左边的路，看到一片桃花源，就住下了，但不知道如果往右边走会不会碰到一座宝藏。因为开始就选择了左边，现在回不去了。”

“你可以选择重新玩啊？”

“重新玩？我路上捡到的武器和宝物，收服的妖怪和藏宝图就都没了。你看，你现在作为一个新玩家，就能够在我的建议之下，去走右边那条路，你在那条路上发生了什么，能得到什么，我都看在眼里，对目前的生活是取是舍，也是一个参考啊。”

“你想得好深啊。”小梅感叹。

“你也就这几天回来，我多少还是想说点平常不会说的黑暗面。”

“说起来，我更像一个树洞。”

“话是这么说没错。”欢欢打开一罐啤酒，“结婚就是很多条路，你走了一条，就会后悔没走那么多条。如果你退回去，选了其他某一条路，迟早还会再后悔，还不如最早那一条。”

“反正都会后悔。”

“对！”两个女人在大笑中，把一罐啤酒一饮而尽。

闺蜜指南：

女人，如果选错了男人，自己会很苦很后悔。选对了男人，但把人家当工具，最终也会自食其果，也还是会后悔。两个人相处，一开始没有绝对的爱情，最后都会归于平淡。平淡期的维持，是靠相互合作、相互促进，而不是只知索取，不知回报。拿一纸证书当免死金牌的人，终会为自己的愚蠢埋单。一开始冲着什么去结婚反而没那么重要，主要是相处之间拿捏和付出是不是过日子的心态。

一些女人一旦走进了婚姻，都会问自己一个问题——自己这个选择到底是不是最好的，如果不是，那该怎么办？如果不能后悔的话，就会把一些闺蜜的选择假想成自己的，以为自己还未婚，未来还有很多可能性，暂时忘记自己婚姻生活的无趣和失望，这或许也是很多小镇妇女热衷做媒婆的原动力之一。

008. 婚姻的终局是什么样子

文：Boya

小梅是一个尾声的爱好者，很多事情还没有开始的时候，她就想着这件事情是怎么结束的。所以，她比较痛恨漫威最近的电影。从《钢铁侠》开始，后面要等一堆字幕走完，再出现一段小影片，美其名曰是把故事大宇宙联系起来的线索，还刻意让观众们都留下来，尊重整部电影的幕后制作者，不少中国电影也学了过去，放一堆让人哭笑不得的彩蛋，前后也没多大关系，这种设置，对一个业余观影者的体验是失真的，觉得不像是在看一场电影，尾巴黏答答，让人走也不是，不走也不是。犹如一场说好了的分手，都已经提出分手了，还时不时传个微信，隔三岔五在你朋友圈里点个赞，小梅问对方："不是分手了吗？就算之后还能做朋友，也别这么快就发信息啊，这算什么啊？分手彩蛋？打开之后有惊喜？你赶紧结束吧，走出你这家影院，老娘还有大把时光要快活呢！”

这种心情的倾向是被王娟影响的。

对于这件事，小梅的同事王娟处理得一直比较爽快，每次看完电影，刚出字幕，王娟就拉着小梅往外面跑。

“网上不是说了有三四个彩蛋，稍微等等呗。”小梅不想起身。

“哎呀，等什么等，这些彩蛋网友们都会等不及偷拍放网上去的，我们回去看好了，不然不知道字幕要等多久。”

走出电影院的时候，小梅开始觉察到王娟的个性了——她极其讨厌不确定的事情。

因为等待出字幕的时间不确定（也就是四分钟和六分钟的差别），她就果断先出手，不给对方机会，又不是仙宫蟠桃五百年结一次果，过了这个村就没这个店，网上能看到，过些时候，整部正版影片拖到最后，照样能看。

“那样不是所有情绪都没有了吗？”小梅提出过一次抗议。

“要什么情绪，最后出的东西，要么是故弄玄虚的反转，要么是让你期待下一部留的扣，要么就是冒出一个他们花大价钱请来的大明星，哪一个我都不关心，我的观影时间从它出第一行片尾字幕就结束了。”

小梅听出背后一些行为习惯，不知道是什么事情历练了王娟的这种习惯，看电影只是其中一方面，有一次两人去看演唱会，现在的演唱会很热衷玩那种，唱完最后一首歌之后，灯光熄灭，歌迷大声喊：

“再来一首！”

“安可！安可！”

“加班！加班！”

等气氛浓烈之后，歌手再把一些压箱底的经典歌曲，千呼万唤始出来。

观众和歌迷都熟悉这一套流程，是一场全场都知道的形式化的表演。

王娟恰好不买这个账，第一次灯光熄灭之后，观众席一个人都没有离开，她就拉着小梅往广场外面走。

“还要唱呢。”

“再不走，等人群拥堵的时候就完蛋了，你不知道之前有次演唱会，从散场到完全交通流畅，用了整整四个小时，你晚出去五分钟，就会陷在这里到半夜！”

“有没有这么夸张？”

“就那几首歌，私底下也听过很多遍了，我们又不是什么死忠歌迷。听我的，这事分秒必争，和坐飞机一样，下降的时候，就要准备冲到舱门，否则大家都喜欢站在中间，堵成一条线再慢慢溢出，等得人干搓火。”

小梅和王娟走到演唱会外，就叫上了网约车，一路畅通，很快各自到家，小梅意犹未尽，有一点点怪王娟的扫兴，什么都不等到真正的最后。又觉得她养成这个行为习惯的背后，可能有一些往事。

作为同事，小梅没有问过王娟是否结婚和男友在哪里，作为一个经常约她出来吃饭看电影玩乐的同事，王娟即便是有男友，想必也是故意藏得很深。再加上每逢什么电视剧上线，王娟都会和广大少女一样，认领"月度老公"。这样一个还有少女味的人，能够有什么恋爱经验呢？

终于有一次，两人午饭一起刷剧，剧情刷到了皇后自杀，遗书写道让乾隆放女主角一马，给她自由。看到这个点，王娟大喊："那就走啊，远走高飞啊，这里不能留啊。"小梅提醒道："这才到 40 集左右，后面还有 30 来集，肯定是要回宫的。那么多妃子要斗，皇上肯定也忘不了她。"

"有什么忘不了，该断就得断，说断就得断。"王娟有点越说越气的劲头，"我大学有个男朋友，毕业了大家各自工作的城市和单位不一样，按照正常剧情，应该分手了吧，我和他偏不，觉得异地恋肯定行得通，这样说好了之后，我到了现在这个公司，本来一道实习的几个小哥哥都看得挺顺眼的，但碍于和男朋友的约定，拒绝了好几段可能性。隔了几个礼拜，他说在当地认识了一个女孩，我说那就分手呗，他说不知道，没想透。"

"还可以这么回答啊？"小梅弄不太懂。

"小梅，我说一个公式，你看看准不准。一个人一旦面对喜不喜欢、分不分手这种问题，如果他不直接回答你，比直接回答还要糟糕。要么分，要么不分，要么喜欢，要么不喜欢，什么叫不知道呢？说不知道的人，内心的台词是，我还想要更多。”

“我没听懂。”小梅很困惑。

“比如，你问一个男孩喜不喜欢你，他犹犹豫豫说不知道，一方面给你希望，没有拒绝，另一方面也留下余地，以后可以说是你追他的。”

“还有这种套路？”

“比如，我问我的前任说要不要分手，他说不知道，第一他不想和我分，第二也不想和那个本地的女孩分，想要享齐人之福，两个人都要，但这样赤裸裸地说出来太不要脸，那么应该怎么表达呢？”

“说不知道！”小梅答道。

“对，你一点就通，这个男的在尝试看看能不能和我通过异地恋藕断丝连之余，再和那个女的欢乐今宵。我想也是因为这个烂透了的回答，才造就了我讨厌磨磨叽叽没完没了的东西，彩蛋也好，演唱会的返场也好，永远没法结束的 KTV 酒局也好，我宁愿选择提前离开，也不要等一个酒终人散的荒凉结局。”

“被你这么一说，好像主动提前走，一下变得好帅气的样子。”小梅还在思索。

“有可能我会错过真正好的大结局，但凭我这么多年的观察，没有几个结局是好的。别说这些小事了，就连婚姻大事，善终的有几个呢？”

“婚姻善终？娟姐，你还没有结婚，就想到离婚的事情了？”小梅十分惊讶。

“离婚是一条我们看得到的结局，不好看。还有些是丧偶，手牵着手一起离开人间的，我相信数量真的是凤毛麟角。”王娟感慨道。

“凭着你刚才的那番言论，将来提出离婚的肯定是你。”

“是，在结婚之前把离婚的细节都想好，让律师去整理文件，到时候逐一签字就好，都不用过情绪。”王娟肯定了小梅。

“这么处理，是提前把麻药都打好了，整段离婚都是无痛的。”

王娟一只手托着自己的下巴：“是啊，问题是，谁敢和我开始这么一段呢？”

“但你不会对未来的新郎说这些吧。如果整段婚姻都瞒着，那还是挺累的。”

王娟愣了愣：“那我的设想是这样的，这件事情提前想好，和律师沟通好，跟买保险一样，办理完就扔一边，然后好好过日子，无惊无险一辈子过到死，说不定幸福得自己都忘记了。但是一旦遇到什么波折和条件，被激活了，律师就按照步骤去执行，我就直接飞去海外旅游。回来签字完毕，直接过第二段人生。”

“听上去整段就是自动执行的，没法参与，当事人可以不管不问，好像遗嘱。”

“你说得太对了，一下子说中这件事的要害，做一段婚姻的遗嘱！我也希望它永不启动。”

小梅看着王娟兴致盎然聊天的脸，不知她将来能不能碰上一位可以和他签“婚姻遗嘱”的先生，不过她对这位先生什么模样的兴趣，小于“婚姻遗嘱”。

闺蜜指南：

提前做好准备，以防万一，没有错。可是一开始就想到终局，就没有办法全情投入，因为有后路，可以说走就走，没有耐心，换一个是一个。婚姻和孩子一样，刚开始是一个模样，后来会长成另一个模样。中途会走样，调好了就会恢复原样。最好的准备是遗忘型的准备，但这种对自己万般好的“婚姻遗嘱”怎么能够说忘就忘呢？

009. 好男人和好午饭

文：Boya

每年生日小梅都会问一个问题，以前还是放在心里悄悄问一下，现在变成大声呐喊，逢人就问，那个问题就是：

好男人在哪里？

每天上午上班的时候，小梅也会问一个问题，甚至遇到心情不好的时候，推门就想问，那个问题就是：

今天中午吃什么啊？

这两个问题虽然问了那么多次，命运都差不多——都是没人认真想回答小梅。

以吃午饭来说，太难回答了。一个人当天的心情状态，配合口味习惯，还有要不要和同事一起前行，如果是外出的话，还需要那家店面别太多人，排队受不了，也别太少人，吃起来没胃口。吃完之后，回程方便不方便，太辣了不行，海鲜拉肚子，太饱想睡觉，不饱更影响下午的工作心情。周围已经吃过那么多家了，哪一家会让人眼前一亮？没有。如果新开了一家饭店，要不要去吃？会不会太冒险？别小看午饭这种“小事情”，实际上它在很多人内心深处比早饭还重要。

以不吃早饭的人为主。小梅也曾经试过，因为没吃好一顿午饭，不能说是那顿午饭难吃，只是外卖小哥慢了一些，她就整个面临崩溃的边缘，无法再思考任何其他的事情，一天也就这么被一顿饭给糟蹋了。因此在办公室里面，如果突然有人提问：今天中午吃什么啊？往往会换来一片沉寂。相处久了之后，大家有了诀窍，不再丢问题等解决，而是自己抛出一套方案：我们去吃湖南菜怎么样？成都小串好不好？说这样话的人要讲究一个时间点，超过 11：30 之后再说，大部分人已经有了自己的去处以及提前约好，但不会公开。这样就只可以找到和提出者一样没有主见，临近午饭的时候才慌忙想起自己要吃东西，而且肚子在这时也企图控制大脑，变得什么都很想吃，什么都想试一试的陪同者。

小梅试过一次被肚子控制，在餐厅点了一堆吃不下的玩意儿，要么不吃浪费掉，要么硬吃塞肚子，最后超重。每逢 12：00－13：30 这一个半小时，在餐厅挤来挤去，排大队吃午餐，或在这一个半小时，眼巴巴等着外卖小哥到来，等不及就拨打外卖平台热线电话投诉发脾气。如果错开这个时段，冷静得像一个第三者那样审视自己的状态，就会觉得是在看另一个闹笑话的人。无休止地每天重复这样的苦楚。

“这就是工作日的午餐啊，没办法解决的。”小梅理直气壮地对前同事阿水说，“我不比你们现在的公司有小食堂，每天阿姨做好了给送过来，闭眼张嘴，好吃到跳跃。”

阿水点头：“是我身在福中不知福，现在觉得阿姨做的菜也一般般了，阿姨是湖南人，擅长放辣椒放油，每次都吃得人胀鼓鼓的不舒服，减肥大计就这么被毁灭了。”阿水说这话时，正低头望着自己显而易见的肚子。

“午餐也吃不好，男人也找不到，我的人生算是就这么被毁了。”小梅双肩一垮，整个人假装昏过去。

阿水接着话茬：“男人是远在天边的事情，可以说不要假装潇洒，午夜梦回时再说寂寞，硬撑个三年五载。吃饭这回事，晚一分钟我都想死。”

“晚 30 秒我就想死了，饥饿的状态，服务员的盘子递慢一点我都想拍桌子投诉，事后知道那样很不对，但也不止一次发过脾气。”

“你们不觉得找男人和吃午饭是一种问题吗？”旁边一直没说话的妙妙坐直了身板，一副要开班授课的姿态。

“的确是一种问题，都是我解决不了的问题。”小梅有气无力地搭着话。

“都是概率问题。哎，我知道你们都会说自己数学不好听不懂，这个概率不用太懂数学。”妙妙开宗明义，企图把事情往简单了说。

“那你说吧，我们先听听。”阿水也没打算很认真听。

“先说午饭吧，你错开一个时间段，比如12：00之前，去餐厅和吃外卖，选择余地就很大，有一个提前量，先下好了单，等要吃的时候，餐点刚刚好送到嘴边，不是很合适吗？”

“你要我10：30点饭，未免太早了吧，那个时候我早餐还是很饱的，一点没胃口。”小梅不同意了。

“等你饿的时候，全街区的人民也饿，他们会和你抢夺午餐资源，然后大家苦苦在中午排队或者等外卖。和大多数人干同样的事情，分到你手上的好处都被平均化了，一定要打提前量啊，妹妹。”妙妙苦口婆心地劝说。

“我听出一点意思来了。找男人也是这样，等你想找男人的时候，和你同龄的都想找男人，所以最好搞初恋，一毕业就有男人要了，不对啊，不是一毕业就分手吗？”阿水反驳了。

“一毕业就分手没错，但你有了和男孩子交流的经验，再续上一个，比新手要好得多。”

“现在男人不都想要处女吗？新手不是很有优势？”阿水还试图反驳反驳。

“老手不等于不是处女啊，但你为什么这么封建，被你妈影响的吧。”妙妙觉得阿水的话就是一个干扰源。

“那我现在找男人的时间点，已经是‘12 点’这个状态了，已经有一堆人在前面排着队了，如果再等‘外卖’也是要到两个小时了，请问现在的我应该怎么办呢？”小梅开始问了。

妙妙摇摇头：“看见问题发生时，就等于是无计可施的时候了，午饭好解决，第二天提前预订好，就能恢复原状，好男人，要等到下一个轮回。”

“你是说下辈子吗？”小梅语带哭腔。

“不是下辈子，而是你的生活圈发生新的变化时，比如坐飞机、去旅行、换公司、搬到新的社区，24 小时围绕在你身边的好男人数量发生量变，这样你去撞见他们的概率就会增加，所以不要担心生活突然发生变化，它也是在给我们新的机会，去撞属于我们的好男人概率。下一次变化发生时，我们提前做好准备，就等于是在 11 点就订好了一个小时的美食餐点。到时候，张口尽情享用就好了。”妙妙志在必得地握着拳。

“你的准备换来好的结果了吗？”阿水问到了实战核心问题。

“呃，目前还没有实际进展……”妙妙一时语塞。

“切，那还说个屁啊，还以为你找到如意郎君了呢！”阿水耸耸肩。

“我觉得妙妙说得很有道理，但我现在还是不知道自己应该怎么做。”小梅觉得几个闺蜜聊天，火药味和学术味不用这么浓的。

妙妙顺着小梅的话："现在小梅找男人的时段，相当于中午12：30点餐的时段，做什么已经没有用了，做什么都要14：00左右才能吃上饭，按照科幻片里的说法，就是重启时间轴，让时间回到11：30的阶段。"

"什么意思？"小梅和阿水同时问道。

"就是大幅度改变自己的生活半径，不要在行礼如仪的熟人面前做无用功了，搬家、旅行、换工作、多去社交场所，这是空间上的订餐，时间上的订餐就是读书看报爱学习，增加一些自己的谈资。等遇到对的男人，也要以一个对的状态，他才能和你看对眼。"妙妙侃侃而谈。

"听上去好难啊，都没力气爱了。"小梅说。

"饭就是要在不饿的时候，决定好吃什么，等想吃的时候，才能恰逢其时。"妙妙说完也小叹了一口气，"就算是万全之策，也不代表一定能成功，11：30订好的饭也可能漏单，常订的那家餐厅也会倒闭，送来一盘辣椒炒肉，自己又突然很想吃菠萝炒饭，你说烦不烦。"

"好烦！"三个女人同时发声。

她们的周末午餐也就这么一直聊到了下午3：00。三个人兴致勃勃地讨论时，周围络绎不绝走过的男人，谁都没有多看她们一眼，她们也没能顾上看男人们一眼。因为光聊天，就调动全部的注意力了。

闺蜜指南：

饭要在不饿的时候吃，这样才不会被饥饿控制。男人要在不急的时候找，这样可以有机会看到他们的第二面。一旦饥饿的时候，就会饥不择食，就会和大家疯抢不值得的套餐，就会眼巴巴等着心目中以为是美食的东西送来。一旦察觉到生活中需要有个男人时，好男人都成为别人的好老公了。

今天的午餐没吃好还有明天，明天提前预订就好。今年没有遇到好男人，却不能一成不变指望明年，要改变生活方式，走出舒适圈，搬家旅行换工作行走派对，遇到足够多的男人，才有挑选的余地。

第二章　适应篇

010. 失踪

文：Boya

“你说我要不要去报警？”

“在警察叔叔的眼中，你对于这个‘失踪人口’而言，是外人。是不会立案的。”

小梅约了陈陈，陈陈人到了，表情却是呆滞的，常常答非所问，眼睛盯着手机屏幕，手机画面一直就没动过，一直是微信的对话框，和某人的对话框。看那个某人的头像，小梅没有加过这个人，青山绿水之间站得很自信的样子，脸占据的分辨率太小了，看不清楚，微信上面的名字写着“孟南”。

陈陈也是接近30岁的人了，恋爱经验也有些，但这个孟南的路数实在太奇怪，才让她陷入其中。

“本人也不是很帅嘛，也就算是顺眼。”小梅看了照片之后，挑不出毛病也说不出什么表扬的话来。

“我还以为这一次恋情总算落听了，和他认识没多久，越聊越开心。而且越看他越明星脸。”陈陈内心那种心动的感觉，还在持续着。

“有吗？你非要这么说的话，我也不反对，我喜欢一个人的时候也会觉得他和谁很像。”小梅不打算否认，但是她目前要解决的问题，是陈陈的困惑，而不是简单地从旁附和。

“你去他居住的地方找过了吗？他工作的单位呢？”

“我没有去过他家，只知道他家大概在东边，他说他是移动办公，所以才有大把时间陪我呀。”陈陈翻看和孟南的通话记录，除了一些卿卿我我的表情之外，没有任何线索。

“所以，他已经超过一周没有联络你了，你是不是被甩了？”

“不会，之前他对我还是很好的，我那天上班太早就先走了，他醒来后把床铺好，还把我的玩偶塞到了我的位置，假装是我睡在那里，从来没有男人对我这么温柔。”陈陈固执地回应道，“否则，他直接跟我说，我们不要在一起了，或者说出我的缺点，我改就是了，这么人间蒸发，算是什么个情况呢？”

“他只是对你人间蒸发，你看过他的身份证吗？他身份证上面的名字和出生年月跟告诉你的名字和出生年月对得上吗？”

“哪有刚开始交往就看身份证的啊。多那个。”

小梅咳嗽了一下："那你还把人往家里带，心胸也太开阔了吧。"

陈陈不服气："照你这么说，我宁愿选择和他去酒店开房，至少有机会看到他的身份证。这么报警也方便一点。"

小梅摇头，人深陷自己的推理中的时候，再简单的事实也是看不清楚的，陈陈依旧认为孟南这个人已经失踪了，且可能有了生命危险，否则不可能对这个刚刚交往的女朋友不管不顾不回微信，电话一直打不通。

"你有一直拨打他的电话吗？"

"拨过很多次，刚开始有接，然后被挂断了，之后就一直是没人接的状态。"

"没人接？对方是不是把你拉入黑名单了？"

"不会啊，如果被拉入黑名单，电话铃那边的一头应该是'对不起，您拨打的号码暂时无法接通'。"陈陈表示自己做过研究了，自己以前也被拉黑过，因为疯狂拨打对方的号码，质问为什么要分手。

"所以这个孟南也不应该，因为你和他还没有熟到你会开始疯狂拨打电话给他的地步。"小梅继续分析着。

"如果真交往上了，我也还是那个性格，那么这次的失踪，我是理解的，你知道吗，小梅，为了这次恋情的降临，我还特地去了那个传说中很灵验的寺庙还愿了，结果还真是挺灵验的，不到 24 小时，他就开始不见人影了。"

“是那家寺庙吗？”小梅用手合在一起比了一个造型，没有直接说出名称。

“对啊，没错，上次我求职成功不就是在那里许的愿，后来还去还愿了，结果这次不知怎么，效果反着来。”

“姐姐，那一间寺庙主要是求仕途顺利的，不是爱情顺遂，你去那个地方求姻缘，它会以为你的恋情妨碍了你的事业，自然就帮你铲除了。灵验是很灵验，就是你的居心和出发点错了。”小梅突然扯到这些神神道道的理论，实际上是想给陈陈一个抓手，目前她什么线索都没有，在空气里打拳，知道了一个不可抗力的原因，那也是原因，人的思绪就是这样，手里得有点什么东西，有了锤子，就可以把全世界当钉子来针对；有了打火机，就会想点燃些什么玩意儿；有点闲钱，就会想去逛逛商场；有了说法，内心的迷茫就会少了一些。所以小梅找这么一个解释，让陈陈暂时放下焦虑，因为手上的线索，果真是太少了。

神婆的方法果然有用，陈陈眉头舒展了一点。“如果是这个原因，那么我去一家保佑婚姻的寺庙拜拜，是不是就会有好的结果了？”

“不知道，说不定，原来的那家寺庙还会觉得你背叛了它们，让你工作爱情两头空。”

“喂，我是找你帮我解决问题，你为什么要诅咒我呢？”

“我没有诅咒你，万一你去拜过之后，没有效果，下一步应该怎么办呢？”小梅的问题难倒了陈陈，她呆滞了几秒说让我想想，就侧头喝了几口咖啡。

“我被你给说服了，那么你告诉我，下一步应该怎么办？”陈陈有点意识到了，现在自己这个状态，什么妖魔鬼怪的建议，一听就会去做的。她做什么不重要，她需要靠一些仪式来度过这个时间，再没有意义，能把大脑清空清空，才能余出一点理智，来应付下一阶段的状况。

“我也不知道，现在你的情况属于不可预测、无法控制、特别混乱。我收到的信息就是你突然结交的男友，失踪了。难道我现在给你调监控全城排查，甚至到出入境管理处去验证他到底有没有出国？

“所以你说，我还要不要发信息给他？”陈陈思考了半天说道。

“发也可以，不发也可以，发了之后对方已读不回，你还会继续问，我还要不要再发信息给他。”

“微信没有已读不回这个功能啊，有的话，我至少知道这个微信号还有一个活人在用。”

“那么，你还是会问我，要不要继续发信息给他，发些什么？”小梅说起这番理论的时候显得特别有范，殊不知，这个说法也是自己当年的血泪积累出来的经验。

那一年刚刚上大学的小梅暗恋一个喜欢打篮球的师哥，室友知道以后弄来了对方的电话号码，拿着这个电话号码，小梅拨通了情感热线，询问的第一个问题就是，要不要发短信给这个打篮球很帅的师哥。

那个主持人的语气百无聊赖，只说："我做情感电台节目也有四五年了，不夸张地讲，60% 的情感问题都是这一条'我要不要发消息给他'。这个问题以前是没有标准答案的，因为每个人的状况不同，所处的情感阶段也不同，我一般都是劝和不劝分的心态，让读者朋友积极主动，发一条信息又死不了人。发完这一条信息之后呢？没有答复，要不要再发一条？有答复，要怎么回？还有答复，那就聊起来了，后面就不用我教了。

"会问这个问题的人，是把对方置于一个极度陌生的地位，因为不知道对方会怎么回答。如果对这段关系有着相对成熟的信心，根本就不会有这种疑问给冒出来，能问出这样问题的人，类似把自己推向一个赌局的状况，赌一把，这回自己主动一下，看能不能赢回一段故事。但是要注意，发一条信息，不说明什么，也不包含更多的赌注在里面，你这次主动，不能赢回什么，也不一定输掉什么。它一般成为不了这段关系的重要节点。

"之所以我们会放过多的情绪到这个问题上，要不要追问自己一句，自己想要赢得的东西，是不是太多了一点。指望一条信息发过去，对方就欣然接受吗？对方就点燃爱火吗？对方就对你之前的日思夜想都一次性下载了吗？这位同学，你发这么一条有暗恋元素的消息过去。我都可以替那个男生回你一条'你是谁啊？'然后你还要到这个节目里来再问我，应该怎么回吗？应该怎么回呢？介绍自己的情况？介绍自己对对方的好感，这么多文字一下子涌到一个热爱体育的男生面前，他可以消化吗？

“真的还不如打扮得大方一点，通过他的同学介绍认识，会自然很多，现在男性对莫名主动的陌生女孩都有排斥感。所以不要问要不要发信息给对方。当然要发，但不一定是短信或者微信，而是其他的视觉信号以及气氛的信号。几方面都齐全之后，你的好感会以一种非常妥帖照顾人的方式出现在对方面前。这样的恋爱，不就是传说中的顺其自然。”

小梅把主持人说的这段话，事后想办法录了下来，转成文字，抄在了本子里，奉为金句，结果是，现在也没怎么谈过什么传说中顺其自然的恋爱。但她常常用这套把闺蜜们都劝服了。因为说总比做容易。

不发信息，总比发这条信息容易。

那天聚会之后，小梅和陈陈有长达半年的时间没有见面，她都没有问那个失踪男孟南后面到底找到了没有。

半年之后，陈陈在朋友圈晒出了新男友。

再过了三个月，陈陈约小梅出来吃饭，说起这个新男友，最近好像又失踪了。小梅开始觉得，这早已经不是男友失踪的问题了，而是陈陈中间有更多没说的信息。

如果不弄清楚这些信息，下一个失踪的，会是谁呢？

闺蜜指南：

恋人失踪不是新闻，但自己的恋人失踪就是等同于全人类失踪的大新闻。

恋人失踪，对你而言可能是莫名其妙，对对方而言却是蓄谋已久。

或许多年之后，那个失踪的理由都特别可笑。但在毫无防备的情况下，谁都受不起这种不告知的打击，小可爱和老江湖都受不了，区别是，老江湖可以假装不在乎，但受的伤是一样重的。有些人崩溃前最后三分钟看着跟正常人似的。

失踪是比谎言还要难以忍受的状况，谎言还在试图交流，即便是不够真诚的交流。那也比零回馈、不沟通，让一方在一个角落里悲观瞎想要强很多。

避而不见是多不想见？比起拉黑一个人，当面把话说清楚，对很多人来讲，是难度很高，碰都不想碰的领域。如果你的恋人失踪了，那么你面对的就不是一个恋人，而是一个巨婴。

011. 找东西

文：Boya

麦麦唆了一口宽粉之后，觉得自己活了过来。她新交的男朋友今天加班晚回，就约了小梅出来吃麻辣烫。

只有在闺蜜面前，才敢把肚子里面的猛兽给放出来，让它饱餐一顿。这样的偷闲时光，麦麦已经三个礼拜没有享受过了。小梅看起来也是在众人面前演多了那种吃很少的素素女孩，一来就点了好几份肉串。

女孩吃东西，不会一下子来得太多太猛，而是缓缓地，一直吃，一直吃。轻轻地塞进胃里那个小孔，小孔是一个小黑洞，塞了很久，没有饱腹感。

小梅察觉到八分饱了，按照对外宣称标准，应该是十八分饱，抬头捋了捋头发问麦麦说：“哎，最近那位还合适吗？一直没听你抱怨，应该就是他了吧。”

麦麦点一下头，摇两下头，举棋不定，放下筷子，侧头说：“还不错，挑不出什么毛病，就是总觉得他老找不到东西。”

小梅觉得莫名其妙，什么叫老找不到东西：“这是什么状况？”

麦麦一副很为难的样子，因为这是一个不成问题的问题，就是她新交的男朋友阿德，回家说得最多的话不是我喜欢你，而是：“哎，这个东西哪里去了？你知道这个东西哪里去了吗？”

小梅皱了下眉：“他是一个丢三落四的人吗？这么不可靠哦。”

麦麦拿了一串肉筋在锅里一边拌着一边回忆：“也不算，工作上也说得上是严谨，第二天要演讲的PPT，前一天都会排练好几次。但就是找东西这个习惯，有点让人摸不着头脑，我试着帮他找了几次之后，感觉从此被赖上了一样。”

“什么叫被赖上了。”

麦麦白眼翻到了天花板，盯着天花板上的灯泡，灯罩的边缘慢慢圈成男友阿德的嘴，一直在问同一个问题。

“亲爱的，有看到我的耳机吗？耳机怎么不见了，昨天还在呢？”

“我的钥匙去哪儿了，难道放在公司了？”

“我的那个黄色充电器你看到没有？就是扁扁的那个。奇怪，你为什么老把我的东西给藏起来呢？”

麦麦把瞳孔睁得老大，半天合不拢，这个人已经演变到，不仅自己找不到东西，还会把责任推给室内唯一的其他人。

睁眼睛这个动作是没有观众的，麦麦只有把表情收好，随便在屋子里走一走，一瞥眼，就看到充电器放在一个很显眼的书台上。此时要拿过去，刚好落下一个口实，就是自己知道失物在什么地方，但不拿出来，又显得自己仿佛真的藏了东西。如果嚷嚷说就在书台上，更会显得没有礼貌。

最后麦麦把充电器拿起来放到了阿德手上，说：“东西很明显是你放在上面的，没有人乱动你的充电器。”

阿德接过充电器，眼睛瞟向手机，没有正面回应此事，就去忙别的了。他也不是故意在回避，就是这个找东西的动作，像翻书一样翻过去了，电脑自动执行一个程序，结束的时候，也就自动关机，不会和任何人打招呼，更不会说谢谢。

麦麦本已下定决心，到时候再吆喝找东西，自己绝对不理，也不帮忙。但实际情况发生的时候，很难置之度外，一间不大的屋子，有人焦虑地走来走去，嘴里念念叨叨。

还有一个烦人的问题就是，阿德有时要找的东西并非是马上就要用的东西，也并不是找不到就没法过日子的东西，就是说着说着，想起了某个物件，一定要拿到手中一下，确定还拥有这个玩意儿，安心了，才罢休，简直就是被这一个小目标给锁定了，洗了脑，不完成，恢复不了正常。

小梅咬下一口鸡翅，嘟囔着说：“这个不好说哎，说出来了，就是一个很小的问题，但你会感到困扰，又不像是太小的问题，还有后来吗？”

麦麦放下碗筷，一脸认真地回忆：“原本我打算他再这样做，我就和他发一顿很大的脾气，升级到分手都没关系。但是没过几天，发生了一件事情，转移了我的注意力。就是我被他给传染了。被阿德这种想找一件东西，就要马上找到的急迫情绪，给传染了。

“那天我一个人醒过来，阿德已经去上班了，我脑海中飘过一串红色的钥匙扣，想要今天换上去上班，打开柜子发现没有之后，人就像接收到某个指令一般，开始全家翻腾，一点一点去收拾，一点一点去找线索，那天我也是要去上班的，心中居然放出这样的声音说，不上班也没关系，把那串钥匙扣找到，人生才会安静。

“那个红色钥匙串就这么丢了，我一个人坐在沙发上发了两个小时的呆，最后同事的追问电话打了过来，才提醒我说要出门去公司。一出门，魂儿就醒了过来，那就是一串卡通钥匙扣，基本上没什么纪念价值，也不是什么限量版，就是用着很顺手，网上再买一串就是了，刚刚是谁让自己这么执着的呀。

“所以我现在不是怪阿德有这个都说不上多坏的习惯，而是两人住在一起久了，有些行为模式和思考路径，都会趋同。

我被他传染了这种性格，以后你就会在屋子里看到两个人到处找东西的画面。”

“问题不是在于，你们两个都不爱收拾房间，东西乱放吗？”小梅点中了一个要点。

麦麦叹了一口气：“我想过你说的这个原因。我也试着主动承担起多一点收拾家的任务，局面有了一些变化。阿德开始心安理得地追问，他一旦想找什么东西的时候，就会问我东西在哪里，得到未知的答复之后，再自己去找。其实有时我是知道东西在哪里的，但这么一来，我要负责的事情太多了，不仅仅是要将东西收拾干净，每件东西也要给它们做一个定位记忆，将来需要时第一秒可以给出答案，让他如愿。他有时就是随便想一想，看到东西‘健在’就去忙别的，我这通忙活，觉得好没价值。”

小梅说：“我曾经也有过这个毛病，就是在找小东西上面特别花时间，后来遇到一个朋友说这是一种心理转移，其实我面前有更重要的事情去做，但我内心一直在抵抗，想拖着。这个小东西成了阻止我自己的一个容易操纵的开关。找东西是真，但内心是有想逃避的东西。所以你男朋友刚开始这个习惯，可能内心是在抵抗另一些说不出来的压力。但传染给你同样的习惯，我就有些不懂了，再加上你通过收拾房间来改善两个人的关系，如果我之前推导的逻辑是正确的话，你这个行为也是在塞住阿德的逃避通路，他会想出 100 种小东西让你说出答案，直到你回答不出来，他就能切换到寻找模式了，他这种切换让他找到了某种安全空间，所以我们要做的不是每次都给出正确答案，也不是要和他大吵一架，而是很多次都假装自己不知道东西在哪儿。”

麦麦喝下一大口啤酒说：“看来我是把自己逼到一条绝路上了，现在只要我告诉他，不知道东西在哪儿，他就会说房间不是我收拾的吗，怎么会不知道东西的归处呢？这样的说法使我的努力变成了一种错，这种责怪多了，我真的有些想分手。你知道默认这件事情的力量有多大吗？你一旦开始将两个人的衣服拼在一起洗，那以后就基本都是你在洗衣服了，你一旦收拾过一次房间，这个家务就是逃不掉的了，连请不请家政，他脑子里都是，不是有你吗，浪费那个钱干什么？”

说着说着麦麦突然来了个硬转：“所以你是说我需要去搞清楚，对方想拖延的那件事情是什么，给他解决了，他就不会在找东西这个习惯上找我的碴了？”

小梅没有说话，点了点头。

麻辣烫的汤水咕嘟咕嘟冒着辣油，想把它能接触的万物都感染成一种颜色、一种味道。

麦麦回到自己住的屋子里，男友阿德还没有回来，她坐了一会儿，打了一个饱嗝，就躺下了，她想今天试着一点都不收拾，也不想弄清楚那些小东西到底放在哪些地方。灯都不打算开，就这么以一种静默的状态，看看阿德回来之后有什么反应。

不到 11 点，阿德打开门，看见屋子里的情况，没有开灯，也没有说话，喘着气。

“麦麦？”

“怎么了？”麦麦其实不是想冷战，她只是不想理睬有关找东西的任何问题。

“有看到我的 U 盘吗？金色那个。”

“没有。”

“好的，先这样吧。”

“咦？”麦麦一下坐起身来，阿德的答案和预设的不一样，这下应该怎么接招啊？

“找不到就找不到吧，我就是问问。”

“你今天这么反常，不再执念这些小玩意儿了？”

阿德想了想说：“本来想找找的，但我有点累了。”

“为什么会这么累呢？”

“你知道吗？我爸妈今天终于去办理离婚手续了。”阿德以一种楼下的王大爷订了明年的晚报的语气，平淡地说道。

闺蜜指南：

两个人住在一起的气场是会互相影响的，对方爱丢东西，你也会爱丢东西。谁懒谁赢，谁收拾谁输，而不是比气场大的那一个，实在受不了想分手时，实际上也是在宣告一种自己的放弃。

他的问题可能也是他的解决方案，表面上的坏习惯，后面会埋着一个大新闻。一开始就冲着对方的核心缺点猛攻，对方不会马上解释清楚，但会把一些真相埋得更深。这个是单纯靠吵架，吵不出心里真的愿意说出的那些实话，发泄的实话是可能存在的。

如果一个人住，突然找不到东西，只会怪自己不小心太糊涂很不爱收拾，但如果家里开始多一个人，就会把嫌疑犯的罪名不经思考地扔过去，那个著名的失去信任的笑话，问对方看到电视遥控器没有，对方回答没有，但你还是让对方站起来。真正让人变差劲的不是具体丢了什么东西，可能是遇到任何倒霉事，都开始有了天然怪罪的对象。要记住，对方是朝夕相处曾经说过喜欢你的人，不是天生嫌疑犯。

012. 你会决定和一个网红结婚吗

文：Boya

小梅还是很吃惊小顾出现在她面前的，因为一个不发朋友圈的人，基本上就被默认成为失踪人口。

不发朋友圈的概念就是没有设置三天可见、没有设置半年可见，也没有设置朋友圈屏蔽的功能，而是她发的那一张朋友圈，一直停留在一年前的某一天。点进去前面几则还在述说一年前的热点和网络热词。

“所以小顾你是怎么了？”小梅不知如何开始问起，先用一个万能的问句，看对方想先聊什么。

小顾一边用眼神挑着指甲的颜色，一边伸出双手，让美甲小妹做护理，然后用下巴点点一个角落，说：“我要这个亮粉色的。”接着侧头看了小梅一眼说，“我也不知道发生了什么，突然想消失一阵子。”

“消失这个概念是相对的，我并没有买张飞机票躲到万里之外，也没有跑到乡下过隐居的生活，照样每天上班上网，只是不再发朋友圈了。”

“说真的，我以为你把我删掉了，要不是我点进去，看你之前的照片还在，但这个感觉特别像……你知道是什么吗？”

“特别像是我死了是吧？不止你这么说，每个能够亲眼见到我的朋友都这么说。”小顾表情淡淡的。

“有什么特别的原因吗？”小梅做出一副要听大新闻的表情。

小顾总是嫌弃自己的手指不够，可以做的手指甲的花色太少，眼神还在挑选花色。挑着挑着突然侧过脸对着小梅：“小梅，你不知道前几个月，我差点就结婚了。”

小梅心里给自己一个 Give me five！她就知道不发朋友圈只是一个显性的结果，背后的那个原因才是更大的爆点。但她要控制住自己的表情，不能显得太八卦，刚刚小顾这句话的意思是，最终还是没能结成婚，那对方的身份，肯定很值得一说，自己不能马上开口问什么问题，但表情要做出“然后呢”的一个状态。

小顾既然已经开了这个悬疑口，就必须得把故事讲完。她并没有特别在意小梅内心的澎湃和激动。她也知道自己说出那个本来是未婚夫的人的名字后，整家店都会“哇”的。于是她示意护甲小妹先停一停，用还没开始涂色的手指夹着手机，放到一个较低的位置，视野只能是小梅和她自己能够看见，点亮屏幕之后，弹出一个照片画面。

“就是他。”

小梅瞬间有点缺氧，照片上那个男人，不就是微博上整天被万千少女新捧为“嫁够三遍才够付完首期”的隆少吗？虽然她想半天也没搞清楚什么叫“嫁三遍才够付首期”的整体逻辑，总的意思就是嫁给他就对了，类似前几天那种“拯救银河系才有资格嫁给他”的形容差不多。这个隆少说不上是歌星，也谈不上是一个正经演员，就是网上喜欢发情感故事的大网红，但其文笔深情，搭配每张恰到好处的配图，也不让人觉得生厌，其中那条《颠沛流离去爱你》的公众号文章还被小梅收藏到笔记便签里，时不时拿出来温习，以后找男人，就是要找这样的。至少，是网上塑造的这样的一个形象。现在眼前这个好闺蜜（虽然也是大半年没见），差点和隆少勾搭上了，最后没成，肯定是小顾哪个地方做得不对，当着她的面，自己也不太好指出来，她说什么就是什么了，继续听下去。

小顾把手机收起来，觉得刚刚的曝光，没有惊动到美甲屋的其他“小梅们”，就把手放回了案台，自己对自己点了点头说：“没错，就是他。我也一度以为老娘是赚到了。第一次和他见面的时候，我还不知道他就是隆少，因为他是和另外好几个朋友一同前来，有朋友说他是谁谁的合伙人。”

小顾也就是很热情地笑着打了个招呼就低头刷手机。那个时候的小顾，还有看朋友圈发朋友圈的习惯，还是一个“正常人”。那时，他看上去也是正常人，正常，直男，好看的人，不是网上隆少的样子，甚至可以说是两副面孔。他没有整容，也不是化妆的区别，发型有点不一样，实际生活中看起来比较不突出，人群中也没有说太多话，但会让其他人注意到，如果他希望的话。

怎么开始的第一句话，小顾都回忆不起来了，等脑子有一个清楚的画面的时候，他们两人已经约好了第二次的单独约会。到那个时间为止，小顾还不知道他就是网上被 100 万个少女求过婚的那个隆少。

第二次，隆少主动介绍了自己，说自己在网络上经营着一个好男人形象，自己没有塑造得那么好，但自认为也不算太差，想以真实的身份和小顾谈谈朋友。

但经过确认和认证之后，小顾反而开始有点恐慌，要和百万少女去分享他的时间，怎么计算都是输。既然一开始就是一场会输的游戏，那么玩它的唯一理由，就是它本身就很好玩。所以小顾答应了隆少的交往要求。

可能也是一开始想太多，以为这个所谓的网红隆少会提一些稀奇古怪的条件，后来才觉得也是连续剧看太多，以为碰到一个条件好的就都是奇葩。

开始几次约会，也都是和一般人那样吃饭看电影，聚在一起刷手机。话都没有多聊几句，一起路边走一走，偶尔亲亲对方。

奇怪的事情发生在确定关系后的一个月。

当时两人约定在城北公园的一个角落见面，这里人迹罕至，但风景迷人，小顾到了之后暗喜，觉得这个家伙真是会找地方，其实北京那么大，但对于大部分人来说还是很小，因为他们只知道那几个著名地点，都蜂拥而至，剩下这些无人知晓的风景，就可以大玩特玩。世界不是平的，也不是圆的，而是折叠的，一座大北京城，其实有好几个不同次元的世界。

隆少是开车并携带着行李箱前来的，他并不是要去旅游，也不准备搬家，箱子里面装了好几副行头，都是他要拍摄的套装。

小顾看他熟练地打开，操纵一切，觉得自己站在一旁有点多余。

隆少表示两人认识这么久了，有些事情就可以混在一起做，比如工作和约会，两人今天在这个园区顺便可以把下个礼拜要发到社交网络的照片给拍了。

“你为什么不请一个助理呢？哪有网红像你这样，怎么说，寒酸的啊？”

“自己弄有自己弄的乐趣，这不是有你来帮我吗？”

穿着高跟鞋的小顾悄悄翻了一个白眼：“我自己的照片都没

找到人拍，为什么要老娘伺候你。”

“等一等，你先等我换好这件衣服。”

穿上造型后的隆少，犹如被打过滤镜的照片，一下子周围有了光。小顾算是领教了气场上身，变身前后的神奇之处了。眼睛一下变成星星眼，双手也不知道到底要摆哪里。

“你可以用手机帮我在那个位置拍一张，试试光吗？”隆少手指到了五米外的一个小土坡。

小顾嘴上没有答应，但身子已经移过去了，站在那个土坡上面，用手机噼里啪啦就是一阵乱拍。然后递给隆少看。

隆少仔细甄别了几张，并说为什么会选择这几张，然后从行李箱里面把三脚架还有单反掏出来装上，并说：“你是帮我按快门，还是站在旁边看看就好？”

为了不让自己显得多余，小顾还是站在了相机后面。

这一拍，就是1343张照片。没有一张是小顾自己的。小顾觉得也不算亏，中间学到了很多手机自拍以外的姿势。

那天隆少和小顾就近吃完一餐后，开车送她回家，一路上也一直在道歉，说想来今天有些冲突，忽视了小顾的感受，小顾摇头说不算什么，今天有收获，知道怎么找光，知道怎么把自己的腿拍得更长且不必修图。

“你为什么不让我给你拍几张？我觉得今天你也很值得一拍。”隆少手握着方向盘问道。

“不知道，我中间也的确想拍几张，风景很好，我自己已经用手机拍好了，但用你的单反，我说不清楚为什么我不要。”

“你还不习惯吧，下次我提前说好，你也多带几套造型，我们去水库拍几张。”

“好的。”小顾笑着点头，表情明明是说，“再看情况吧……”

回家之后，小顾躺在沙发上，翻看相册里面自己胡乱拍的隆少的照片，以及给自己拍的照片，前后翻，反复翻。翻着翻着，微博 APP 发来一个通知，说是隆少更新了信息，点击进去看，是今天拍摄的图，大片感很强，想着自己有参与其中，小顾还是挺满意自己的技术的。今天也学到了不少摄影的技巧，怎么找光、如何切角度、把人像的动态感给拍出来要有什么小道具，光圈越大，哪个部分就越虚……

等等，自己不是一个爱美又爱现的女孩子吗？怎么变成了一个摄影师的心态了。想想那些生活中见到的男性摄影师们，越来越不修边幅。自己会不会也变成那个鬼样子？

幻想中，小顾自己已经变成了三里屯拿着大炮摄像头，戴着鸭舌帽，还一脸络腮胡的街头油腻摄影师的造型了。

我要控制自己，不能这样发展下去了。

小顾不知道的是，也是从那一天开始，她再也没有在自己的社交网络里面发过照片。

小顾……在朋友圈里，蒸发掉了。

闺蜜指南：

自拍和摄像是两个领域，进入摄像专业的人，会慢慢淡化掉自己，逐渐追求拍摄的完美，这也解释摄像圈和摄像师难有好看的大神，小顾和一个网红长期相处在一起后，在乎的反而是那个网红的作品，因为他最好看的一面，还有没有准备好的一面，都被摄影师一览无余，知道“美”的真相后，一般就懒得对自己太使劲了，这个道理和常在厨房做菜的妈妈，反而不太吃得下自己做的菜是一个道理。

越在乎自己拍出好作品的人，会越来越降低自己出现的比例，也就是越来越低调。即便是作为网红，在公众面前露脸的次数，也是有额度的，这也是很多明星，特别是电影明星，出名之后，会降低自己的曝光率，他要保证自己的电影作品上映时，观众会有新鲜感。大鱼大肉吃多了，都会看烦，网络热点上多了，也会油腻。普通人还没有学会降温，于是会见到有人在朋友圈猛晒自己的自拍大脸，既没有美感，也不招人喜欢。那些下面的点赞更是越来越敷衍。

013. 很吵的小姐姐们

文：Boya

小梅能够想起的最好的娱乐，就是约上几个还不错的小姐妹们，周末在谁的家里，一起看综艺节目或追剧。之前先是饱餐一顿，然后打开一个屏幕很大的电视，平常只是缩在很窄的屏幕里面的人，一下子被放大七八倍，谁稍微动过一点鼻子，或者眼部的妆容被搞花了，一秒就能被捕捉到，那个时候大家一起叽叽喳喳，把之前的压力一并释放掉。

和男人聚会到一定程度就希望来一场游戏体现王者的实力和尊严，小梅更喜欢做一个适度参与的旁观者，整场都在，但不必使太多力，杀人局都有点浪费体力，要分析谁生谁死，稍微走神还要被指责不够投入，唱歌也没办法周周都去，自己那几首拿手好歌已经惊艳过全场，再来就要练习新的曲目，不然一直躲在角落里欣赏别的麦霸占据大量表演时间，自己空闲时候刷手机，玩不到下半场就要背负冷场王的名声，得不偿失。

男人的局都是在测试一个服从度，比如劝酒，表面上说是兄弟，亲如手足，好东西齐分享。实际上就是看你愿不愿喝下这一杯，这一杯结束后还有第二杯，每一杯都是关键杯，不沾就是不给面子，不重视友谊，没有气概，感情深一口闷，闷下去的就是你的不情愿之下还愿意服从的那个态度。感情浅舔一舔，谁会真的这么不给面子只是舔一舔呢？现场是要摔杯走人的。女生之间不一样，表面上不用太分胜负的，虽然有语含机锋，都是藏在袖子里的暗器。即便射出去，也不求当时毙命，大体上还是你好我好大家好，只有不在场的那个人不好，谁不在就说说谁的八卦。

能见面的就都是好闺蜜，最好找个安静的地方坐下来，喝一小杯，有个共同的小话题，彼此摇头晃脑地度过一夜。不喝多、不失礼、不起急。别看影视剧里面的姐妹花们时不时发神经互撕一番，其实换算到交往的年限里面，真正干上一架的次数也就是我们看到的那么几次，大部分姐妹们的聚会还是好HAPPY 的。

尤其是这种看剧的场子，小梅能够迅速找到放松的诀窍，别管这个剧和综艺有多烂，只要有几个镜头够姐妹们大大吐槽一番，这个夜晚，就不算虚度。今天定在贝贝家过周末，两人成局，凭着贝贝的语速和敏捷的思考速度，小梅甚至觉得双子座 AB 型的贝贝是能够一个人打一桌麻将的。小梅自己则是成为一个尽职的捧哏，在对方说到关键节点的时候，给个应和，补足气氛。

贝贝今天准备了一个最新的恐怖电影作为开场。趁夜色还没有那么暗的时候，把一些惊悚吓人的部分看完，然后跳到不过脑子的综艺节目，是对情绪张弛有度的一个公式。电影一开场，小梅和贝贝就在研究里面的每个女主角，脸上整容了百分之多少。完全不顾角色在故事里面是死是活。也因为是惊悚题材，女性们大都有个还算亮丽的开场，接着就是一路丢盔卸甲地狂奔，最后是失魂落魄地扑街，可以全方位地看一个女人的多样性。也是本着这样一个戏谑的心态，她们刻意让恐怖片的恐怖元素退到了第二的位置。

“她怎么这么蠢呢？不先打电话报警找人过来帮忙，怎么还要尖叫跑路呢？这样凶手不就第一时间找到她了吗？”贝贝在电影开始不久就找到了情节的漏洞，觉得这个女的很快会变成第一个牺牲品。

“因为她是一个功能性的人物，主要目的就是为了让男女主角感觉生活无常，到处充满危机，他们共同闯过苦难，这样在一起才顺理成章，不过这类片子，他们最后在一起的概率很低，不是男的死就是女的牺牲。”小梅觉得今天这部电影比较一般，不吓人也不感人。但也不至于让人马上弃剧，和自己目前的生活有一点类似。不高不低、不上不下、不咸不淡，背后好像有些压力在紧追着自己，而且已经把一些同伴给干掉了，但在奔忙的过程中，居然还是觉得有点无聊。是特效太差、明星档次不够、故事性不强，还是之前看的那几部片子太好看了？映衬得自己现在遇见的局面有点尴尬啊。如果是一个人看的话，早就按退出键，也幸好有个人陪着，顾虑到旁边人的感受，不然一天下来，完整看完一部电影的机会少之又少。最多就在视频网站上搜索那种五分钟知道全局大阴谋的速读视频，看了100部相关视频，也就相当于看完了100部故事剧情简介。跟买东西只浏览价目表、不实际回家拆开来用几下有什么区别？

闺蜜就是用来一起扛过低潮难过时光的。

这里的低潮难过的时光，也包括一起看一部不太起劲儿的恐怖片。嫌无聊，就听她吐槽。

“你知道这个男演员，叫李什么来着，其实已经结过八次婚了吧？但他对媒体说只结过三次。”贝贝果不出其然，抛出来一个话题。

“结过三次也够多，为什么他要一结再结呢？”小梅完全跳出了电影剧情，全心和贝贝聊起了演员的八卦。

“不知道，可能真有钱吧，女人反复结婚可能是为了解决那种孤独感，男人再结婚是觉得这一次自己肯定能搞定。可惜他们都错了，女的还是会患得患失，男的还是会搞得一塌糊涂，我看过一个科学报道，说人性最大的弱点，就是总是在同一个坑里跌倒，也就是俗话说的，好了伤疤忘了疼。”贝贝在引经据典的时候，下意识会忽略理论的出处，她觉得只要话说得在理就可以了，谁说的，在哪儿说的，到底是不是很严肃的科学期刊都不重要，此时此刻说出来能够引发共鸣，比较重要。

“是啊，如果人能够汲取教训，就不会有那么多离不开家暴的老婆，和总是把一半身家分出去的老公了。”小梅不管听到的这些新闻靠不靠谱，也随时添油加醋一番。

电影演到男主角开始疯狂摇晃死去女主角的肩膀。

“他怎么不去测试一下对方的心跳、呼吸和脉搏呢？或者他已经确定对方必死无疑，这种摇晃只是演给自己看的。”贝贝不解男主角这种夸张的演技。

“是演给我们观众看的，测试心跳和脉搏的动作太小了，我们会感觉不到男主角对女主角的爱，电视电影里面这些仪式害死人，我们生活中根本不是这样的，但为了表达所谓的爱，他需要这么夸张。”小梅突然想以后自己的老公，会不会也很喜欢这种炫耀式地表达爱，倒不是说喜欢摇晃自己的肩膀，而是生生搞出当众求婚这种事，好丢人。

“如果你男朋友也这么夸张，你会接受吗？”小梅问贝贝。

“嗯，不知道，这个分寸很难拿捏，如果对方是一个特别冷静和客观的人，你会摸不到他喜欢你的脉搏。但如果对方是个十足的戏精，你又会很希望把他扔到电视机里，然后发弹幕去嘲笑他，希望离得远远的，看笑话的角度来讲，还行。日常生活，越少越好。”贝贝也把握不好其中的标准，怕对方不来，也怕对方乱来。尺度把握得好的，又都是些花花公子。不会在你身上尽心尽力几十年。愿意死心塌地在一起的，又有些拿不出手的缺点。

贝贝越看越生气，看到一部烂片和遭受到一次小小的背叛差不多，幸好刚刚有小梅在旁边还可以聊一聊，时光没有被彻底浪费，如果是一个人看的话是会立马怒给差评的。

“我们看我老公的戏吧？”

“好啊，是拍新戏了吗？”

“不不不，你就看吧，绝对好看。”贝贝特地声明了一下。

“好，放起来。”

屏幕上放起了一部古装甜宠剧，剧情推进了20分钟，没有女主角出现。

贝贝和小梅却看得出了神，一部没有女主角的偶像剧，是怎么达到这个效果的呢？答案是里面有两个男主角。

男主角和男主角之间倒也没有爱情，就是纯粹互相关心，偶尔斗嘴，肯为对方做很多事，从琐碎的到伟大的，都是下意识地付出和照顾。

贝贝托着下巴说：“你看我伦，就是会疼人，他还随身带胶布，真是太贴心了。”

小梅：“问题是他不是给女朋友准备的这些，你说，我们算是腐女吗？”

贝贝："当然不算，一个女主角都没有，这个就是编剧们挖潜的一块新大陆，把女性角色退到一个模糊的位置，留出一块空白给女观众们自己脑补，不过这些都不重要，你看，我伦是不是好好看啊！"

那个叫"伦"的男演员并不是小梅的菜，男演员的好基友也不是小梅的菜，反而让小梅有些跳脱的感觉，既然脸无法成为看下去的理由，就只剩下剧情可以看了，但这么一部剧怎么可能有合乎逻辑与顺理成章的好剧情呢?

小梅想暗示贝贝看一会儿综艺，综艺可以聊的信息量更多。让两个女孩子暂时忘记自己还没有找到下家的尴尬现实。

闺蜜指南：

电视上的情人是安全的，唯一的（看上去是），让人放下羞耻的，不然就不会有那么多撕心裂肺、"要为谁生猴子"的呐喊，虽说过了这个崇拜期再回头看自己，是傻得不得了。但有一个目标让自己疯狂一会儿，是燃烧过青春的证明，即便是事后证明那个崇拜对象也是不堪回首。不打紧，体验值到了。

电视上的八卦对象是安全的，你再编些耸人听闻、道听途说的八卦，效果也就是旁边姐妹们掩面偷笑的欢愉，别记录下来，别发表在网络上，就在此时此地当成一个音频弹幕飘过去就好，这种思维的锻炼，会释放出内心小小的邪恶，没有憋住那种糟糕的情绪，人舒坦点了，也过了把不负责任的瘾，这就是女人之间的话题可以很大胆没有底线，唯一的底线就是别记录，别传出去，别对他人的生活造成困扰。

电视情人和猫狗情人一样，他们会成为一个阶段的替代品，但人的时间是恒定的，你付出了心力和时间在他们身上，得到的回馈或者爱意的表达或许比真实的那个他要密集和浓烈得多。要记住的是，他们是没有后续的，他们会一直深情说爱你，但要知道，他们爱的对象，是上亿级别的。真实的那个他（演员）是连你是男是女都不晓得的，他只需要你付费和点赞。

014. 奇葩男友：明明是对方劈腿

文：Boya

小梅真想一个耳光把建钢给抽清醒了。

“你不是叫李建钢吗？怎么软趴趴跟烂掉的柿子一样啊。你虽然是个叫李建钢的大妹子，但还是要对得起这么阳刚的名字啊！”

“名字是姥爷给起的，我有什么办法……”建钢咧嘴哇哇哭着，还不忘回答这个问题。

“谁管你为什么叫建钢了，我想问的是，为什么明明是他出轨，然后你在这里哭？”小梅话说得很硬，心里却没底，觉得如果是自己男朋友出轨，自己也会哭，但，凭什么啊？

凭我们对此无计可施？

凭我们之前对此一无所知?

凭我们还是希望这段感情维持下去，但剧本写到这里，又好像不得不分。因为这是，原则问题?问题是，谁定的原则?

小梅回忆起来，出轨者罪该万死，勾引者千刀万剐，是从父母辈那边带来的经验吧。

小时候，一众亲戚得知小梅舅妈出轨的线索，大概是舅妈跟当时的男小三在逛公园。他们一面迫不及待地要把这个消息告诉小梅的舅舅，一面到处打电话召集人跑到那个公园，准备上演当场殴打小三和出轨舅妈的戏码。人没到公园，又都急匆匆跑往医院，因为小梅舅舅有心脏病的病史，听了这个消息之后的舅舅，捂着胸口没多久就昏厥过去，没过一天，舅舅就离开了。剩下一个儿子在世界上，舅妈趁大家还没有回过神来的时候，就坐火车去了广州。办完舅舅的丧礼之后，每个人又回到自己正常的日子。小梅有天和外婆聊起这件事，外婆说:“你舅妈出轨，就让她出轨好了，谁都别理，说不定你舅现在还活着”。

外婆年纪太大了，大到她说什么，小梅当面都是点头说对，中间也不能去辩论什么，她内心也是在疑惑，杀死她舅舅的那个凶手，是那个勾引者，还是那个出轨者(也就是舅妈)，还是那堆闹哄哄要去惩治出轨者的热心亲戚们?现在那些亲戚们都活得滋滋润润的，当年舅舅的事情，都甚少有人谈起，更不要说对此有愧疚，我们明明是伸张正义打小三啊，小三不可忍，出轨者也不可忍。

“你舅舅在世也会同意我们这么做的。”

小梅偶然会想起那个大胡子但脾气很好的舅舅，如果让现在的她代替舅舅对这件事情有个判断的话，她会讲，在生死面前，出轨什么的，是可以放在一边的。而且最好自己去解决自己的感情纠纷，外人，就算是亲戚，也不要插嘴，更不要插手。她又会想到小时候，那时候舅妈出轨去了小公园，那个最开始知道消息的多嘴亲戚，如果只是看到了，也没有四处宣扬，没有当下叫嚣，他舅舅真的有可能现在还活着。活着又怎么样呢？和舅妈离婚，再找一个新舅妈？如果新舅妈又出轨呢？舅舅是会变得更坚强吗？心脏还是那么脆弱，不会因为挨过一次纠结就变坚强了，那是小说里的故事。那从此孤寡一生，把自己当成一个鳏夫？但鳏夫是要丧偶才能当的，自己这摊事，一地鸡毛，没落下好名声。

今天，看着哭哭啼啼的李建钢，小梅才知道“屁股决定脑袋”这句话不单单是在说职场。

在感情的故事里，所站的位置不同，能够给出的建议和情绪，也是可以天翻地覆的。

如果说，小时候关于舅舅的故事，她能够隔得远远的，像个理客中（理性、客观、中立）去晓以大义，做出所谓的最优选。今天在最好的闺蜜面前，怎么都没有办法用情绪稳定四个字来稳住场面，她真的很想替李建钢去质问那位出轨的男友，以及勾引者。

不争气的李建钢，也是窝囊得让人恨不得想揍她几拳，让她清醒过来，要么认命委曲求全当什么都没发生过（谁都很难一口答应下来这个选择），要么站起来过自己的新生活（说得容易，真发生在自己身上，也是一堆坑爬不起来），一直在中间患得患失，是最无法处理的状况。

“如果是你，你该怎么办？”李建钢问了一句扎心的问题，小梅有点接不住，她想说不知道。但这个答案对于现在情感脆弱的李建钢太没有帮助了。但如果说自己潇潇洒洒地走开，另寻新欢，听上去又很像那种瞎在情感账号里面给人指指点点说得头头是道，自己真的感情生活却也是丢盔卸甲的鸡汤主持人。自己摔下去的坑，痛在自己身上，那一秒一秒真切的痛，是没法感同身受的。情绪那杯酒一上头，都晕。

“哎，我会先等等看。看看他怎么说，怎么表现。”小梅想着说让子弹先飞一会儿，然后觉得这种形容太土匪，就没说出口。

“你都说‘哎’了，就说明你其实是没有解决方案的。你是犹豫的，和我一样无计可施的。”眼泪还没有擦干的李建钢，脑子却逐渐清晰了一点。

“也不是，表面上可以假装在等消息，实际上各种调查手段都要上一上，小三的背景是什么？哪个单位？是不是熟人？旗下公司和你男朋友有些什么纠葛？”小梅内心也没想好，就把做一个尽职调查的流程说一下。职场的事情搬到感情上来，显得好冷冰冰。

“你说得有道理，我已经在情报这个环节输了个精光，是最晚知道对方出轨的那一方，如果我还是在等消息的话，真是一个万年被动的活该分子了。”李建钢居然有点被说动了。

小梅看在眼里，觉得此时无助的李建钢，多少让她做点什么，都比单纯在家里啼哭或者去当面闹翻要来得妥当。自怜自艾没有用，要博取出轨者的同情心无异于指望一个烟鬼次日完全戒断烟瘾。当面闹翻，很多情报是会被淹没的，对方到底出轨几次了？有没有把两人的财产分出去？是不是有可能还有第四者和第五者？还要明确出轨的定义，到底什么算出轨？但调查越多也有可能心越凉，这个局面是要有心理准备的，所以很多当事人还是懒得走这条看似好复杂好伤人的路，宁愿去和那个男人当面锣对面鼓，只要他否认，只要他痛彻心扉，刺胸悔改，一脸诚意，那时，似乎是有机会退回去的……

令人尴尬的是，人处在一种情绪焦灼的状态下，智商会跟不上趟，脑子里面只会做选择题了：

1. 要不要分手。

2. 要不要去打小三。

3. 对方上门认错要不要原谅。

4. 要不要和家人亲戚说这事。

以上四种情况，无论做出什么选择，都有输家和赢家。

但就像房间里的大象实验一样（你对人说出大象这个词，大象这个形象就难以磨灭，一直会存在于脑海里）。

所以无论将来这段感情结局走向何处，以上四种情况，都要做出选择，而每一步的选择，都好似在决定着结局一般，让人倍感压力，想逃走，想让闺蜜和兄弟来代替思考，回答这个问题，如果以后真的情况恶化，好歹有得怪。

人就是这么自私，都这节骨眼上了，还想着将来有机会可以推卸责任。

“是你让我分手的啊。”

“是你怂恿我去闹场子的啊。”

“是你说我很难嫁，让我委屈一时、幸福一世的啊。”

所谓闺蜜和好朋友的怂恿，最原始的动机，是希望当下的伤心者不用那么伤心，绝望者暂时不用绝望，于是替你出口气，替你出头，替你分忧的责任心一上来，就会给出很多看起来可以马上见效的建议，这些建议自己未必试过，可能也就是从爱情电影和网络金句里面看过来，临时止痛，谁都不想背这么大的锅，说劝一劝，怂恿一下，还真就把人的一生给耽误掉了。

但是还真就是会。

小梅又想起了舅舅的故事，她此时此地所处的位置，正是当年影响到他舅舅死亡的七大姑八大姨的那个位置。

虽然之后即便李建钢和其男友鱼死网破，最后社会追究的时候，也并不会那么直接追责到小梅身上来。但小梅还是没有办法提出一些立竿见影的建议，让李建钢止止痛。

忍是忍不下去的，所谓忍让，妥协，宽容这些不过是在对方的信用卡上记账，最后都是加了利息要收回来，或者自己爆掉。所以，除了真的不在乎，最好是一开始就和没有那些特质的人一起。

但是回到当初，决定要和那个人在一起的那一瞬间。一面是难以忍受的单身生活，一面是将来可能会痛苦分开的可能性恋爱。

谁会在一开始，就选择逃开呢？

小梅觉得自己，从来都不会。

“你还是给对方发个短信吧，说自己已经知道这件事情了。”这是小梅目前能想到的也是于事无补没啥进展的建议。

闺蜜指南：

对于当事人而言，在对象还没有出轨时，出轨是不可原谅的，出轨是马上要摔碗走人的，出轨是天诛地灭的大错，但是真的面对事情发生的时候，很多人的心态居然是，我可不可以假装不知道这个消息啊，也正是这种暗示，让很多出轨之人的行径越来越大胆……

轨都出到月球上去了，当事人（出轨者和被出轨者）还觉得可以恢复到最开始的状态。只要他（她）不死心，纠纠缠缠的局面是会持续几十年的，甚至那个所谓的小三都已经换过好几茬人了。所以要改变的不是负心汉（出轨女）的行为轨迹，而是自己脱离了那个自以为传统的生活序列，还能笑着活下去的勇气。

第三章　实战篇

015. 除了爱，不要以其他任何理由结婚

文：文静

微信发消息叫小予出来聚聚，小予淡淡回复我说："我带着孩子回重庆了，去不了啦。"

"哦，挺好。"我飞速地回过去，"可惜以后我们见面就难了，好好保重。"

一转眼七年了，我心里一声轻叹，小予终于断舍离了这段离婚复婚再离婚的婚姻，虽然成本太高，但我还是为她感到高兴。

说到和小予的相识，还是在七年前的新年。我们的小镇上有结婚第一年宴请新媳妇的习俗，我们就是在正月里宴请的酒席上认识的。新年在老家参加这些宴请其实很无聊，就是吃吃

喝喝，听长辈聊一些东家长西家短的琐事。那一天下着小雪，我正在一个人暗自想着找一个什么理由早点走。却从外面突然进来一个身材娇小的小女生，穿着一身红衣，戴着一顶毛茸茸的可爱的帽子，哈哈大笑着说：“哎呀太难找了，我来晚啦！”落在脸上身上细细的雪花，一进到生着火炉的屋子顿时升腾起一层白茫茫的水汽，我一下子没有看清她的面容，却记住了她那亮晶晶的眼睛。我连忙让个地方让她坐到我身边，她笨拙地爬上北方的土炕，一边嚷嚷着：“哎呀我都爬不上来，我们那里都没有这种，叫什么来着，对，炕。”这个女生好有趣，我连忙拉了她一把，她对着我一笑，眼睛成了弯弯的月牙，大大方方地坐在我旁边。平时内向的我也忍不住跟她攀谈起来，一问之下，我们俩居然是一天结的婚，这下我们俩的话就更多了，到最后干脆不吃饭了，我俩单独找个角落聊天去了。

就这样我和小予成了好朋友。小予是地道的重庆妹子，在结婚之前从来没有来过北方。小予之前是空姐，特漂亮，典型的南方妹子的大眼睛和火辣辣的性格，我们认识的时候虽然她已经怀孕，身材比以前胖了一些，但眼睛里的光芒让人难忘。后来慢慢了解，才知道我和小予有很多相同的地方，比如我俩是同一天结的婚，都是裸婚，当然我们俩的父母都不太同意我们这么匆忙结婚。不同的是，她和她老公是在一次旅行的过程中认识的，结婚时不过才认识了三个月而已，妥妥的闪婚。

这么多相同的地方，特别是不被人看好的裸婚，让我们俩难免有点惺惺相惜。小予活泼开朗，我安静内向，我俩在一起的时候，大部分的时间总是她在说话。我没有去过重庆，她总是跟我讲重庆很多有趣的事情。比如重庆的火锅是可以烫黄瓜的，而且调料不是以麻汁为主，而是香油。她请我去他们在小镇上租的房子吃了一次地道的重庆火锅，房子小小的很简陋，我一眼看到角落里一个巨大的化妆箱，里面有各种色号的口红、各种刷子、各种化妆的瓶瓶罐罐，这些小予的私人物品就是她的嫁妆，小予这个精致的姑娘，这样结婚真的可惜，我暗暗想。那天的火锅全部是小予操刀调的调料，大概是我印象里最好吃的一次火锅了。四个刚结婚的年轻人，围着小小的简易火锅，却吃得热气腾腾，比那次在土炕上的大鱼大肉，倒是好吃得多。

后来我们单独在一起的时候，我偷偷问她，为什么才认识几个月就结婚，不害怕吗？小予说，当时她其实有一个谈了很久的男朋友，已经到了谈婚论嫁的地步。但是有天她飞完凌晨回家，却看到男朋友出轨，特别崩溃，跟男朋友大吵了一架果断分手了。心情低落的她随后请了假出去旅行，旅行的途中恰好遇到了现在的老公。这个男人特别细心，看她一个小姑娘而且心情很低落，一路上对她照顾有加。有一次她靠在大巴的窗户上睡着了，为了防止汽车颠簸碰着她的头，他居然用手悄悄垫了一路。小予突然就特别感动，突然很想结婚，好巧不巧，他们刚在一起没多久小予就怀孕了，然后就这么匆匆忙忙结婚了。小予说这些话的时候，有些落寞，感觉是在说一个前世的故事。短短的三个月，辞掉工作，不顾亲戚朋友的反对离开家乡，离开繁华的城市，跟一个只认识三个月的男人到遥远的北方小镇来生活，是对以前的断舍离吗？我不知道。

过完年我和老公便离开老家，开始了艰辛的创业历程，虽然过程很艰难，但两个人一起努力，日子慢慢好了起来。到了儿女双全的时候，当初那些不看好我们的人，却纷纷教育起自己的孩子怎么不早点结婚。而我断断续续地跟小予联系，却发现她过得越来越不好，结婚的时候什么都没有，只在镇上租了一个小平房住，男方家里并没有给他们置办什么的意思，她老公之前在深圳做 IT，其实还蛮不错的，回到小镇上突然成了巨婴，辞了工作，天天跑去池塘钓鱼。我们私下说了她老公很多次，都不见有着急的意思，混了大半年，孩子出生了，一家人也没个着落。小予伤心得要死，但当时不顾所有人反对要结婚，现在孩子嗷嗷待哺，只好自己扛起来。小予凭着身上的那股子不服输的劲头做了很多事情，一开始的时候是利用之前空姐的关系，在网上做一些代购的小生意，日子还勉强可以过下去。后来真代购被假代购挤得没有办法干了，她又在小镇上做快递公司，还在网上卖小镇的农产品。然而事实并不像传说中的励志，赚钱养家这件事情每天都催着她、压着她，带孩子、跑山头、跟农村的大妈们斗智斗勇，把这个活泼可爱的小姑娘消磨得一点灵气也没有了。每次我回去看到她，都深深地惋惜，觉得她越来越像当地的妇女了。之前 90 斤不到的身材胖到 130 多斤，嗓门变得大大的，乌黑的长头发也剪了，扎着一块姜黄色的头巾，手上脸上因为地域的不适应和长期的风吹日晒，起了很严重的湿疹。有一次回老家我看到小予的时候，她在忙着打包发货，眉头紧锁目光暗淡，她再也没有时间给我讲有趣的故事了，也没有故事跟我讲了。我们寒暄了几句，便没有别的话了。“你知道吗，我觉得自己像是被拐卖了。”小予对我说这话的时候风刚好吹过，但我却真真切切地听到了，我张张嘴不知道说什么，她却扭过脸转身又去忙了。

再后来就更糟了，小予和老公就是不断地争吵，她跟我见面就在不断地跟我说她老公的罪行，但是每次说完很快转身又去忙了。有时候吵得厉害，就一直在冷战，孩子一岁的时候，小予离婚了，带着孩子回到重庆住了一年，后来又禁不住前夫的哀求，又复合。然而复合之后并没有太大起色，一直到现在，终于又离婚了。离婚对小予来说是好事，我们这些本来是男方的朋友都希望她真的断舍离，重新有一个新的开始。

闺蜜指南：

不管裸婚也好、闪婚也好、恋爱长跑也罢，我们结婚前，要问明白自己为什么结婚，是因为年龄到了吗？是因为怀孕了吗？是因为自己急切地想与过往断舍离吗？是自己某一瞬间被感动了吗？是父母的同意或者反对吗？现实终究不是电影，除了爱，不要以其他任何理由结婚。爱情婚姻本身是巨大的沉没成本，一旦出现自己无法挽回的问题，我们要想的是怎样以最好的方式去走下一步。而不是患得患失，犹豫不决，拖来拖去，最后消耗的是自己，痛快地分手重新开始倒是真正的勇敢，比把希望寄托在他人的改变上要实在得多。

016. 亲爱的，我们结婚吧

文：云爱

那天，好久不见的老同学昭君打电话给我，开门见山就问：“老同学，听说你家那位是律师，他打离婚官司吗？”

“什么？离婚？谁离婚？”

“我。”

开始，我以为昭君在开玩笑。作为她的老同学，我知道她跟文明从高中就在一起了，从高中，到大学，再到研究生，读完研究生以后顺利扯证结婚。十年的爱情长跑，认识他们的人都觉得他们是天生一对，金童玉女。

离婚？谁会信呢！

是的，昭君也曾经以为，她跟文明的爱情很坚固，尤其是在长跑了十年以后，当文明选在她生日那天给了她一个浪漫无比的求婚以后，她更坚定这个世界上没有任何事情可以分开他们俩了。

可天意弄人，跟文明结婚以后，昭君才后知后觉地发现，她跟文明简直是活在两个世界的人。

结婚以后，文明坚持“男主外女主内”的原则，可昭君哪里是肯当全职太太的人，她坚决要继续工作，不管不顾地跟他闹了起来。

没多久，昭君的坚持胜利了——她重新回到职场上班，仍然雷厉风行，是标准的女强人。

自然，文明的工作也很忙，于是又出现了另外的问题，他们俩几乎是争着每一晚都加班到深夜才回家，不管是谁先下班然后回家，都不会想到买菜，更不用说下厨了。

久而久之，他们俩又争论了起来，昭君说：“我每天下班这么晚，你早点下班，去菜市场买菜回来做饭不行吗？天天吃外卖，容易得癌症！”

好吧，文明退让了，他之后就尽量少加班，下班以后就赶去菜市场买菜，然后回家做饭。

可是，他的厨艺真的不忍直视，昭君努力吃过几回，最后实在受不了，回归到点外卖的怀抱去。

冬天的时候，也是他们俩的认识周年日，圣诞节之后刚好连着周末，文明感觉他们俩好久没有出去旅行过，偷偷买了两张机票，打算圣诞节的时候带昭君去隔壁城市玩一下。

谁知道，平安夜的时候，昭君才知道这件事，完全没有喜，只有惊：“你下次准备惊喜的时候能不能问过我？我圣诞节加上周末都要加班！”

昭君觉得文明太孩子气，文明也觉得她不可理喻，但后来还是文明主动低声下气地求她原谅，像一只哈巴狗，怪可怜的。

昭君表面上同意和好，可是心里开始摇摆不定，她跟文明是不是真的适合做一对夫妻？

就在今年年初，昭君发现自己怀孕了，文明可是高兴得不得了，结果，昭君忍不住嘀咕：“明明做好防护措施的，怎么就怀上了呢？”

文明愣了：“你什么意思？”

“老公，我们现在还年轻，都是事业的上升期……我暂时还不打算要孩子。”

昭君怀孕的事情，除了文明家人知道，她连自己的父母都没告诉。把孩子打掉的那一天，她是从医院出来以后才打电话告诉文明的。文明在电话里哭得凄凉，交往十年第一次对昭君破口大骂，说她没有人性。

“所以，你要离婚？”听到这里，我算是明白发生了什么事。

“对，他这样骂我，是可忍孰不可忍！”昭君恶狠狠地说。那一刻，她肯定自己跟文明不适合当夫妻！

没多久，在所有朋友的努力劝阻下，昭君跟文明没有成功离婚，可两人到底是分居了。

分居以后，昭君搬回娘家去住，感觉自由了不少，她想加班到几点都可以。每一晚都可以吃她妈妈做的饭菜，胃口也好了起来。

也有一些优秀的男人在明知道她跟丈夫分居的情况下约她吃饭，她也打扮得漂漂亮亮去赴约。

可时间过得很快，她的父母开始嫌她碍眼，觉得她作为一个嫁了人的妻子不会做饭真的很糟糕；她的约会对象在第二次见面的时候对她毛手毛脚，被她一个“无影腿”抽得半天爬不起来，结果遭到对方的破口大骂：“你现在充其量是个‘破鞋’你装什么！”职场上也遇到不开心的事，下属都在背后议论她，还有，公司经济效益不好，领导竟然跟她说可能会裁员，让她先做好心理准备……

到头来，昭君恍惚发现，一直以来能容忍她的，可能只有文明吧！可是，他们已经分居了。

那一天深夜，昭君接到文明打来的电话，她开始以为他是按错了，结果听到他在电话那头喝醉了酒说着胡话。

“昭君，我好想你啊，你回到我身边吧。”昭君以为是幻听，文明竟然……“我以前不想让你出去工作，是害怕你在工作中会遇到不开心的事，我不要老婆被人欺负；我以前不是故意不去买菜做饭，是因为我知道自己做饭太难吃了，但我愿意为你去学做饭；我偷偷给你惊喜想带你去旅行，是觉得我们俩结婚以后相处的时间变少了，我只是希望我们可以回到以前那种甜蜜的状态。”

昭君想，原来，从来不是只有她以为自己跟文明不合适，文明也有感觉到吧，可他一直在努力做着什么去补救，可她呢？她除了埋怨和不满，有为他们这一段婚姻做什么吗？

“还有，你偷偷把我们的孩子打掉，我当时真的好生气。可是，我后来没有怪你。我想你躺在手术台的时候，一定也很痛苦的。你是我的老婆，是我认定的最爱的女人，只要能跟你在一起，你说不生，我们就不生。你回来吧，好不好？”

是啊，她当初第一次怀孕，也是第一次做妈妈，可是，她也会害怕的啊，觉得自己没有做好准备，所以，一时想不开才把孩子打掉。

事后，她也有后悔过。但仔细一想，她才是做错的那个，她才是无理取闹的那个！文明从始至终都爱着她。

翌日一早，昭君提着行李回到文明的家。文明大概忘了昨晚的酒后吐真言，看到昭君突然来了，有点儿不敢置信。

“老婆，你回来……是跟我离婚吗？”文明一直担心这个。

“不，我不要跟你离婚。我要跟你好好过下去！”

然后，昭君紧紧地抱着这个自己最爱的男人。

闺蜜指南：

婚姻不同于恋爱，不能随便说不要就不要。一定要相信，在这个世界上，有一些人，他（她）在爱你的时候欣赏你的优点，也愿意包容你的缺点。你们之所以能够成为夫妻，一定有别人参悟不透的理由。但是，世界上没有一对情侣是十全十美的，任何问题都可能发生。只有互相迁就，也互补的一对，彼此之间才能走得更远，两人的感情也会更长久。想要一段完美的婚姻关系，必须认真对待，才能找到真正的制胜法宝。

017. 爱他，就要勇敢说出来

文：云爱

和林宋分手以后，秦臻没有想过，她还会再遇到他。

分开了 726 天后，秦臻在带的一日游旅行团中，赫然看到林宋和他女朋友的身影。

在这之前，秦臻不太记得这是她第几次带香港一日游团，也不记得这是她第几次被无理取闹的陌生游客指着鼻子骂，伴随着对方口口声声的“你叫什么名字？你信不信我去你的旅行社投诉你啊？”她保持着自己的职业操守，手上挥着一支红色小旗子，抬头的瞬间，就看到林宋看过来的目光。

瞬间，秦臻的脑海里闪过四个字：无地自容。

秦臻那天本来不用带那个团的，是她的男朋友赵星带的团，赵星却跟她说要回深圳看房子，准确点说，是看他们俩的婚房，所以让她顶替自己，带这种最便宜的观光一日团。

哪想到，秦臻会狗血地遇到前男友，和前男友的现女友。

谢天谢地，林宋一直没有主动上来跟秦臻说话，他和女朋友总是落在队伍的最后，两人互相依偎着，很小声地说话，也鲜少跟其他团友说话。

但秦臻还是看到了，林宋的女朋友笑得很甜，脸蛋总是红红的，像一只熟透的虾子。

下午五点，秦臻带着所有团友到行程表上的最后一站，香港维多利亚港，因为这个项目是自费的，三分之二的团友没打算交钱，就在附近转转，剩下的人愿意交钱跟她上游轮，享受一下游轮上的晚餐。最后晚上八点，秦臻会带着所有人一起过关回到深圳。

林宋和他女朋友也上了游轮。

夜色渐暗，维多利亚港变得迷人又神秘。游轮缓慢地行驶在海平面上，远处金色的金紫荆广场发着光，秦臻靠在栏杆上看着远处的陆地发呆。

林宋就是这个时候走上前："秦臻，你还好吗？"

秦臻惊了几秒，然后缓慢地回头，林宋的衣服被海风吹得翻飞，他眉目间的疏朗显得遥远又陌生。

"你……"不等秦臻说点什么，林宋伸出手，温柔地把自己的女朋友拉到眼前，“给你介绍一下，这是小葵，我的未婚妻。”

秦臻和林宋是大学时候的恋人。

要是提起过去，其实秦臻压根没觉得大学生活很精彩，她从大学入学第一天起，一边忙着应付学业的同时，一边想着各种各样的办法挣钱。

那时候，秦臻的同学都忙着恋爱、泡吧或者去不同的地方旅游时，秦臻忙着当辅导中学生的老师，忙着去西餐厅当服务员，也忙着注册小号添加不同好友经营自己的微商生意……

也就是那个时候，林宋出现了。

一开始，林宋只是在她打工的西餐厅出现，他总坐在一个位子上，点最便宜的美式咖啡，一坐就是一下午。

秦臻一开始没注意他，后来听同事总是嘀咕有一个年轻的男孩子，每天都会来西餐厅点一杯美式咖啡，她才注意到他，却又想不起来，他们到底在哪里见过。

再后来，秦臻的微商生意也莫名地有声有色起来。她只是一个二级代理，直接跟一级代理下订单然后发货，赚取中间的差价。林宋是其中一个买东西最殷勤的顾客，每一周都会跟她下单，她一下子就赚他好几百块。

久而久之，秦臻便跟林宋聊了起来，除了买东西，他们也聊别的。林宋那会儿确实很努力，想了很多话题，不让他们俩有停止聊天的机会。

最后，秦臻到底没想起来，林宋是用什么借口把她约出来的，当见到他本人的瞬间，她惊了一下，然后拍了拍自己的脑门："你不就是那个每天去西餐厅喝咖啡的男孩子吗？"

林宋腼腆地笑着，两只耳朵都烧红了。

林宋知道秦臻爱钱，喜欢挣钱，最大的缘由，是因为秦臻的爸爸生了很严重的病，需要巨额治疗费才能继续活命。林宋还得知，秦臻差点儿要撕掉大学录取通知书，因为她不想读书了，但也是她的爸爸命令她把书念完。

"秦臻，我最开始注意你，是因为对你家境的同情和心疼。后来我才明白，爱情的最初，来自对那个女孩的心疼。"

秦臻还记得，林宋对她表白时，说出口的话。

没有什么甜言蜜语，也没有浪漫鲜花，很朴实也很真挚，然而……

"林宋，你是个好男孩，可是我……不想谈恋爱。"秦臻认为恋爱需要资本。

谁想道，林宋为了留住秦臻，脱口而出："我家里有钱！"

话一出口，林宋自己也懵了，他怎么会说出这样的话？

其实说到底，秦臻虽然因为爸爸生病的事情变得世俗又功利，但她当时接受林宋的最大原因，真不是因为他这句脱口而出的话，而是因为他很真诚，也很温柔。

一直到现在，秦臻还记得自己和林宋在一起的几年时间里，两人有过的所有快乐事情。

答应成为林宋的女朋友以后，林宋每个月都会给她打一份不菲的生活费，让她轻松一点儿；林宋也动用自己的一切关系，给秦臻介绍各种各样的顾客，让她可以卖出更多东西；每半个学期，林宋也会策划一场旅游，带着他心爱的秦臻去不同地方，让秦臻体验到旅行的趣味。

渐渐地，他们俩的感情越来越好，彼此也都觉得是分不开的。

直到有一天，秦臻的爸爸晕倒，医生说她爸爸的身体情况很不乐观，需要动一场大的手术。

秦臻想了很久，最后只能约林宋出来，问他借钱，给爸爸筹钱动手术。

“我想问你借两万块。”秦臻急切地说，“林宋，我不是骗你的，我给你打个借条，等我将来去工作了，就把钱还给你。”

秦臻想，林宋家里有钱，两万块是可以轻松拿出手的，就看他肯不肯为了她问家里要这个钱。

只是……

“对不起！”林宋很狼狈地跟她道歉，“我骗了你，我不是什么有钱人，我家里拿不出这两万块。”

“那你跟我在一起的一切开销……”

“都是我整夜在寝室通宵写代码赚来的生活费。”林宋真诚地看着她，“秦臻，我是骗了你，但我也是真心喜欢你！”

后来，因为爸爸生病的事情，秦臻休学了半年时间。

她跟妈妈想方设法去筹钱，看了很多人的冷脸，才艰难地把手术费凑齐，可也没有用，秦臻的爸爸最后还是离开了人世。

这期间，林宋一直不放弃地打电话给秦臻，可她太忙了，或者是，她不知道怎么面对他。

最后，林宋不再打来。

等秦臻重新回到学校上课，想再找到林宋时，才从其他同学的口中得知，林宋因为专业的问题，去了深圳分校念剩下的课程。

也是这个时候，林宋的一个哥们儿找到秦臻，跟她说林宋之前一边熬夜写代码，一边找关系要好的朋友借钱，东拼西凑地筹到一万多块，以一个好心人的名义寄到她妈妈那边，也是多了林宋的这一万多块钱，秦臻和妈妈终于把钱凑齐，让她爸爸顺利手术。

秦臻得知真相以后，震惊得不行，她想找到林宋，然后把这一笔钱给还了。可是林宋的联系方式换了，林宋的哥们儿也说了，他不需要她还这笔钱。

“你就当是他可怜你们家吧，你以后别找他了！他也有自己的人生要过！”林宋的朋友都不喜欢秦臻。

而秦臻，也就真的没有去找林宋。

秦臻从遥远的回忆中跳脱出来，再次回到眼前的现实中。

“秦臻，我也没想过会再见到你。我知道你当初之所以和我在一起，是因为你以为我家里有钱，可以帮助到你，可在你最需要帮助的时候，我却帮不了你。”林宋淡淡地说着，仿佛在说着别人的故事一样，“大学毕业以后，我在深圳盘了一个小门面，卖数码产品。我有自己的技术和门路，所以生意不错，我女朋友也是在我创业的时候认识的。”

秦臻好几次想要开口打断他，跟他说实话：“林宋，我当初其实不是因为你说你有钱，才跟你在一起的。我之所以愿意和你在一起，是因为我当时是真的喜欢你。”可她微微张着嘴，终究没有勇气说出来。

因为她知道，现在说这些已经没有意义了，林宋和他的女朋友很恩爱，她不愿意说出这样的话来破坏他们的关系。

“你呢？现在怎么样？”林宋云淡风轻地问。

“我啊，还不错，毕业以后当了导游，总是带团去香港，偶尔也帮人家代购东西。然后，我准备和男朋友结婚了。”

听说她要结婚，林宋的眼底闪过一抹震惊，然后，他的脸色恢复正常：“恭喜啊。”

一天的行程在过关回到深圳以后便要结束，林宋主动给秦臻留下自己的联系方式，可秦臻知道，他们俩应该不会再见了。

分别的那一刻，秦臻走得飞快，生怕林宋会突然掉转头来追她似的。后来她才发现自己想多了。林宋没有追来，他不可能追来。

秦臻回到租房，赵星热情地迎上来，给她看了自己今天看过的几个楼盘：“今天看的几个楼盘里，我个人最喜欢这个，你明天请假吧，我们一起去看。首付要 80 万，当然了，我家里出不了那么多钱，最好你也出 40 万，房子都写上我们俩的名字。这样我们就可以早点买房，买完房，我们就准备结婚的事情……”

秦臻忽然蹲下身，难过地大哭起来。

“你怎么了？哭什么呀？不是说好房子一起买一起供吗？现在哪对夫妻不是这样的啊？你别哭了行不行……”

赵星的语气充满不耐烦，其实交往这么久，他对秦臻没有多好，一直不冷不热的，秦臻却早已习惯了。

在重遇林宋的时候，秦臻才知道她失去的是什么，她失去了林宋，失去了一个曾经这么爱她的男孩子，她深知往后的人生里，恐怕再也找不到第二个这么爱她的人了。

闺蜜指南：

很多爱情之所以不能继续下去，两个相爱的人不能再在一起，主要原因是你没有对他（她）说明白自己的真实心意呀。

有些时候，面子确实很重要，可比你最爱的人更重要么？就像秦臻和林宋，要是当年把话都摊开来说，他们俩肯定早就终成眷属了。

所以，爱一个人的时候，不要藏着掖着，对方也很难猜出你的心意。有多爱他（她），直接勇敢地告诉他（她）！

018. 能遇上你，我是多么幸运

文：云爱

如意与东旭是一见钟情的。

那一年，如意只有 18 岁，还有两个月就要到美国念书了，临走之前，她跟着几个姐姐去参加一个派对，派对上，气氛很好，有人唱歌，有人跳舞，更多的人是来认识朋友的。

但如意不同，她朋友本来就多，她是为了好吃的才来的。

正吃得满嘴巴都是食物时，一个陌生的男孩突然出现在旁边，他伸手往自己的脸上指了指，如意很快反应过来，抬起手抹了一把脸，才发现自己刚刚吃太狠了，把奶油蛋糕都抹脸上了。

而这个充满善意的男孩，正是东旭。

之后的两个月，如意跟东旭几乎每天都会见面，在如意眼中，东旭不仅长得英俊，还优雅大方，他只是比她大两岁而已，却好像什么都懂。跟他在一起以后，从前爱叽叽喳喳的如意变得不怎么爱说话了，因为，她喜欢听他说。

可分别的日子也来得很快，打从一开始，如意就跟东旭说过，她要去美国念四年大学，东旭也知道的。

“如意，我等你啊。”

如意出发去美国的那天，东旭也来送她了，却在她快要进安检口前，当着她所有亲朋好友的面，不管不顾地说出这样一句话来。

如意无比感动，冲他重重地点了点头，然后依依不舍地进了安检口。虽然，她当时认为他们俩是不可能的，加上东旭长得这么帅，身边一定有很多女孩倒追。

那四年，如意和东旭依靠无数的电子邮件传情。别人谈个异地恋都痛苦不堪，更何况他们是异国恋，彼此都知道但凡有其中一方心里不太坚定的话，感情很容易就会散了。所以这四年来，就算他们发生过很多次争吵，最后还是会和好如初。

终于，四年时间再漫长还是过去了。

如意永远不会忘记，她从美国归来的那一天，东旭不仅亲自来接她，还在机场精心准备了一场求婚。东旭还把他们的父母，共同认识的所有朋友都请来了。就连刚下飞机的乘客也甘愿留下来当观众。

如意很感动，平生第一次被心爱的男生在机场这个地方求婚，怎么可能不感动呢？然而，如意虽然很感动，但却在当时跌破所有人的眼镜说：“东旭，抱歉，我想我们私下聊聊比较好。”

原来，如意在回国前投递了一些简历，没想到，一家旅游体验师的机构接受了她的简历，给出的薪水也很可观。这次回国，如意打算跟爸妈还有东旭商量，如果他们都同意了，她将会继续去美国工作。

说实话，如果没有东旭，如意也了解自己的父母，他们肯定同意她继续去美国工作，但是，她跟东旭谈了四年的异国恋，实在不能不跟他商量就贸然做出这样的决定。

但她还是觉得自己做得不对，毕竟，她没有告诉东旭就投递简历了。怎么说，她都是不对的。

听完如意的话，东旭并没有考虑多久，他直接答复她：“如意，既然你喜欢那份工作，也喜欢留在美国，那么就留下来吧。”

“东旭，那我和你……”

“你还喜欢我吗？”

“当然！”

“我也仍然喜欢你。我们的感情不会因为地点的改变而改变的。”

然而，如意重新回到美国以后，她盼了很久的新工作，其实并没有表面看来那么美好，她吃了很多苦头，跟同事的关系她也处理不好。而东旭，每一天忙完自己的事情以后都会守在电脑前，倒着时差等如意找他聊天。就算每天只能聊一两句，也够心满意足的。

“东旭，我可能做不了这份工作，同事都钩心斗角，太累了。”

“如意，你听我说……”

那一段时间，算是如意的低谷期吧，总感觉做什么都不顺利，然而，多亏东旭，他每一天都会鼓励她，给她加油打气，还会针对她工作上的困难、与同事之间的相处出谋献策。

如果没有东旭，如意心想她肯定坚持不下来的，后来，她真的慢慢坚持下来，不仅是工作，在与人交往上也有所改善，她觉得虽然东旭在另外一个半球，可他们的心从没远离过彼此呀！

直到有一天，如意通过努力升职加薪了，她连忙请了假跑回公寓，想用电脑上网告诉东旭这个好消息，然而，等到第二天清晨，东旭都没有上线。

她才恍惚地发觉，他们的两颗心就算离得很近，可两人的实际距离还是很远呀！东旭要真出什么事儿了，她可能连知道都不知道。

联系不上东旭，如意又打国际长途给父母，结果父母也不知道东旭在哪儿。没办法，如意只能请假，从美国飞回去。

十几个小时的长途航班以后，又倒时差，如意将近24小时没有合过眼，可是她在赶去找东旭的路上想象过千百种画面，好的不好的，更多的是担心与忧愁。

也是这一次，她才发现谈了那么多年的恋爱，她实在太自私了，虽然她很喜欢那份工作，但没有必要留在美国啊！

东旭等了她四年，好不容易等到她毕业，结果她又要回美国……她蹉跎了人家的青春，东旭反而总是像一剂强心针给她无穷无尽的力量。她对这么好的男孩子感到很愧疚。

如意终于打听到了东旭的情况，说他是辛劳过度在电脑前晕过去了，然后被家人送进了医院。去医院的路上，如意打算跟东旭分开，希望他找一个值得的女孩。

然而，医院里，一看到如意千里迢迢飞回来看自己，东旭的眼泪就开始往下掉了。

“本来还打算给你一个惊喜，但现在说也一样……如意，我也申请到去美国读博士了，录取通知书在这儿！”

如意才知道，在她重回美国辛苦工作的这段时间，东旭也在默默地努力着，他觉得如意适合那份工作，也不强求她一定要回国，所以，他决定去美国陪伴她。而他从来没有跟她提起过，一是怕她压力大，二是怕自己考不上。但皇天不负有心人，他们俩这一次终于要结束异国恋了。

如意感动得号啕大哭。

“这一次，你肯答应我的求婚了吗？”第二次的求婚，不是在机场而是在医院，如意觉得，这辈子能遇到东旭，真是一件三生有幸的事情！

闺蜜指南：

一段好的爱情，不是互相陪伴彼此就足够了，而是两个人有着相同的步伐，一起进步，一起变得更好。

这样的爱情才更有意义、更有价值，也会让你觉得，能遇上这个人并且爱上他（她），是一件多么幸运的事情呀！

019. 为了你，我愿意

文：云爱

那一天，是一年一度的高中同学聚会。

当年的班长看到灵芝与阿俊一脸幸福地出现在KTV的包厢时，夸张地惊呼了一声："你们俩还是那么幸福，还是那么恩爱！"

同学们都知道，灵芝与阿俊相爱十年，是彼此的初恋，从校园走到社会，不论是婚前还是婚后都是恩爱无比的一对。除了他们这一对，也有另外好几对是学生时代就在一起的，可好景不长，都因为各种各样的原因分手了，所以，灵芝与阿俊他们这一对特别难得。

更难得的是，他们是一对丁克夫妻，两人从开始到现在，一直明说不会要小孩。

班长把一杯酒递给阿俊，问：“你们俩……还不打算要小孩吗？”

“当然！”阿俊脱口而出，“我与灵芝这样也挺好的，两个人达成共识，永远不要小孩。”

“可是，有了小孩，生活会更美满哦。”

灵芝这时从后面过来，当众抱着阿俊的腰：“我和阿俊不会改变我们的想法的。”

没想到，同学聚会过去没几天，某个深夜，阿俊接到班长打来的电话：“阿俊，十万火急，我和我老婆吵架了，先把孩子放你那儿几天。”

“什么？”阿俊被炸醒，“喂，我和灵芝都没养过小孩，怎么帮你看孩子啊？”

“我老婆在家摔东西……你家又是离我家最近的，我没办法了。我已经在你家门口了。”

就这样，凌晨三点，灵芝与阿俊看着才两岁左右的小男孩，不知道要摆出什么样的表情。

“老婆，你知道怎么带小孩吗？”阿俊胆战心惊地问。

“我，我不知道啊。”灵芝弯下腰，小心翼翼地看着这团小东西，不知怎的，心里弥漫着一股说不清的情绪。

阿俊知道，班长家的老人都移民出国了，他也是被逼无奈才会把小孩送到他们家来的。

班长的儿子叫小童，丝毫不知父母正在家里吵得天翻地覆，待在婴儿车里笑呵呵的。还别说，这小孩一笑，顿时有一种特别治愈的感觉。

没想到，才过了一会儿，小童似乎知道父母不在身边，一秒变脸，小脸一皱便号啕大哭起来。

“老婆，孩子哭了，你去哄哄他呀！”阿俊一个头两个大。

灵芝哪里知道怎么哄，打电话给班长，班长的电话已经不通了，只好大胆把小童抱起来，小小的一团，即使在女人的臂弯里也显得特别小巧玲珑。

灵芝的心脏蓦地柔软似一潭水，轻轻摇了摇，小童竟不哭了，乐呵呵地笑了起来。

“老公！你看看，孩子笑了！”

“诶，真的笑了！”

那一晚，灵芝与阿俊两人都没有睡，小童还小，但精力充沛得不可思议，一会儿大哭一会儿又大笑的，折腾到翌日清晨才终于睡过去。

灵芝醒来时，看到小童竟然躺在阿俊的怀里，一大一小依偎在一起的画面，让她觉得不可思议。

本以为班长很快就会过来把小童接走，没想到他们夫妻俩吵架吵得更凶了。之后的几天，灵芝与阿俊特意请了假寸步不离地照顾小童。

一开始，灵芝是想着他们之所以这么严肃对待，是因为这是他们好朋友的孩子，要是出了什么差错，他们俩都担不起责任。

可连续几天以后，灵芝发现阿俊哪里像是一个没有照顾过小孩的人，他懂得怎么挑选奶嘴与纸尿裤，知道怎么给小童换纸尿裤，还有，他的手机里早早下了很多首小孩童谣，每天早中晚会唱不一样的童谣给小童听……

经过几天，小童也会冲灵芝和阿俊微笑。每次他冲两个大人笑时，他们俩都觉得特别治愈和温暖。

女人总是要敏感一些，如果不是这几天班长家里有事，临时把孩子送到他们家来，她兴许永远不知道，其实阿俊也想要个小孩子的。他不是什么超人，也只是一个 30 来岁的平凡男人，也是个想要小孩让家庭更美满一些的男人。

但是，为了她，他没有说出口。

灵芝永远不会忘记，当年他们才只有 17 岁的时候，阿俊带她在校园遛弯儿，遛到第十圈的时候，鼓起勇气跟她表白。

她也不会忘记，大学毕业典礼那天，阿俊不打招呼地出现了，当着众人的面下跪跟她求婚，造成全校轰动……

可她也跟他明说了："阿俊，我以前是不婚主义者，我愿意为了你嫁给你，可是，我想一辈子不要小孩，你能接受吗？"

当时的阿俊，脸上闪过几分迟疑，但两秒以后，他坚定地点点头："没关系，那我们就一辈子不要小孩。"

当晚，班长终于解决了家里的问题，亲自上门把小童接走。把小童还给班长的时候，灵芝看到阿俊的眼里写满不舍。

“谢谢啦，下次请你们俩去最贵的餐厅吃饭。”

那一晚，灵芝跟阿俊好好地谈了心：“阿俊，这段时间以来，我看出来你还是想要个孩子。”

阿俊愣了愣，其实，他之前跟班长串通好，他想要孩子也不是一年两年的事儿了，但没有办法劝说灵芝，只好用这种迂回的方式，让灵芝跟一个孩子相处，看看能不能唤醒她对做母亲的向往。

“但我还是想要坚定地做个丁克族，我们潇洒一点儿，分开吧。”

灵芝并不是一个对感情十分决断的人，但是，她是真的不想再拖住阿俊的脚步，他已三十好几，还要花时间重新去认识新的女孩子，跟她慢慢相处。当晚，她忍着痛收拾好行李，第二天就搬走了。

阿俊感觉自己像做了一场梦，他是很喜欢孩子，但是孩子不比最爱的人重要啊。他还以为灵芝是意气用事，过几天就会回来，没想到，灵芝这一走，电话也打不通，她的亲戚家人也不肯告诉下落。

这一下，阿俊才真的慌了，他决定去找灵芝。

与此同时，灵芝发现自己怀孕了，她本来想先去别的地方散散心，也是不让阿俊找到自己，当她去医院检查了一下身体，医生告诉她怀孕了的时候，她的心情可真复杂呀。

应该是那几天忙着照顾小童的时候，手忙脚乱的，连避孕套也忘了拿上……

灵芝的第一反应是把孩子打掉，但隔了几个星期以后，当她躺上冰冷的手术台以后，她忽然很有负罪感。

她难道真的不爱小孩吗？不爱阿俊吗？那为什么要拿掉她跟他的骨肉呢？

“灵芝！”

灵芝后来还是跟一个闺蜜说了这件事，但闺蜜觉得事情太严重了，她转身就打电话给阿俊说了。

然而，阿俊来到，不是要灵芝不要打掉孩子，相反，他很尊重她：“这个孩子是意外，当然他没有做错，是我们不好……但是，如果能挽回你，我愿意……”

灵芝没有让阿俊说下去，因为她想通了，从手术台上走下来，然后跟阿俊说：“阿俊，不就是生孩子嘛，我们把他生下来，不论孩子是男孩还是女孩，都要一起把他抚养长大。”

“灵芝……”

“因为，我也很爱你！”

十个月以后，灵芝与阿俊的第一个小孩出生了，哦不对，不是第一个，因为灵芝一口气生了一对双胞胎，一男一女，龙凤呈祥呀。

为了所爱的人，去做以前想也不敢想、碰也碰不得的事，虽然充满挑战，但也很伟大！

闺蜜指南：

想来，作为一个丁克族，灵芝是要承受多大的压力才敢给阿俊生孩子呀。但是，她很伟大，再痛苦还是坚持把孩子生下来了。

原来，爱一个人真的愿意为他（她）改变很多规则。他（她）是因为爱你才会排除万难地来到你身边，勇敢地抱住你，陪你一起实现你想要的梦想。

只有真心爱对方，这样一对恋人才会长长久久，永不分离。

020. 多谢你如此耀眼

文：云爱

跟前夫离婚以后，作为一个两岁女儿的妈妈——林夏在城西开了一家“深夜食堂”。顾名思义，这个小店只有深夜时分才会开门营业，从深夜 11 点开到第二天早上 6 点。

理由很简单，因为林夏的女儿妮妮那会儿已经睡着了，她才有空去赚这份奶粉钱。

在她筹备开店之前，林夏的朋友，包括她的父母，都一致认为她是疯掉了，本来很多人都不同意她跟前夫离婚，可怎么劝都没有用，林夏说：“那家伙在她怀孕期间就出轨了，等到妮妮生下来以后，仍然不知悔改地同时跟三个女生有暧昧关系。你说说看，我怎么能忍？”

好吧，离婚就离婚，可妮妮还这么小，林夏却张罗着要开店的事情，尤其是她爸妈，十分反对她这样的做法，可是林夏又说：“结婚那几年，我因为爱那家伙，他不同意我出去工作，我就不去工作了。现在他抛弃了我，也没公司肯要我，我又喜欢煮吃的，我还不能实现一下……”

然而，“年轻时候未竟的梦想”这几个字还没说出来，林夏她妈就打断了她，“行行行，你最厉害，我和你爸都劝过你了，以后你后悔了，不要哭着回家找我们！”

那一刻，林夏以为在看电视剧，不承想，对她说出刻薄话的人，真的是她妈。

但林夏不相信自己不行，没多久，她找来一个很信得过的同学一起开店。最初的半年，一切都还顺利，不论是食材还是烹饪，林夏都自己一手抓，食物做出来的味道也很完美。

深夜她要开店，白天要带小孩，每天只能睡两三个小时，可是林夏觉得一切都在慢慢往好的方向发展，再苦再累也是值得的。

然而，半年后的一天，林夏晚上去开店的时候，忽然发现店里的所有钱都被取走了，打电话给同学，赫然发现她的电话不通……

事情到了最后，林夏懵了，她是被老同学卷走了所有钱了吗？

报了警，但警察说要找到她也需要一段时间。被卷走了所有钱，铺租是半年一交的，加上那段时间妮妮总是发烧，林夏翻遍所有口袋，竟然连几百块也拿不出来。

没办法，林夏只好把小店挂在网上，准备转让出去。

后来来了好些人，都是财大气粗的主儿，刚到就问林夏这个店的营业额是多少，要多久才能回本。这些人都被林夏赶走了。

然后一个年轻俊朗，看上去20岁不到的男孩子来了，他问林夏："老板，我可不可以吃点你煮的东西，然后再慢慢谈？"

林夏点点头，给这个男孩做了店里最有名的招牌。可林夏觉得，这份招牌一定做得很不好，因为她没有在男孩的脸上看出任何"好吃"的感觉。

罢了罢了，她现在自身难保了，还怎么做出好吃的东西？

"我有个建议，"吃完东西，男孩忽然慢吞吞地说，"我的钱不是很多，可不可以跟你合伙？我现在可以先给你7成的资金，但是你比较辛苦，我觉得你后面可以拿到5成的酬劳。"

什么意思？林夏一开始没听懂，后来理清楚了，男孩的意思是，他给她7成的钱，但最后，她能跟他平分所有的收入。这又是一个骗子吗？

谁能想到，这个叫子明的男孩当场就给林夏的账户转了很多钱，然后在林夏一脸懵的情况下，叫她写好合同，然后再签字。

是的，子明就这样入了股，让林夏的"深夜食堂"保住了。

林夏一开始以为子明是那种游手好闲的富二代，可她没有想到，合伙以后，子明的点子特别多，在他的建议之下，林夏开通了外卖的服务，不论多晚还是天气不好，子明都会亲自给客人送外卖去。

更重要的一点，子明长得英俊好看，自从他来了以后，就连隔了两三公里远的女大学生也会慕名等到很晚才过来吃饭。只为了点个饭还可以蹭到跟他合影一张。

等女孩子吃完饭，子明还会亲自送她们到外面打车，把司机的车牌号码记下，确保她们的人身安全。

久而久之，林夏发觉子明这个男孩不错，心地善良，人也英俊，而且特别细心。

有一次，林夏忽然来生理期了，整个人难受得不行，但还是想继续开店做生意。子明不让，他当机立断地把店给关了，二话不说打车送她去医院。

本以为生完孩子就不会那么痛经，但医生说林夏是操劳过度，所以才会这个样子。

在输液室打点滴的时候，林夏忽然听到子明若有所思地问:“夏姐，你有没有想过再谈一个男朋友啊？”

“啊？”林夏以为自己听到什么荒谬的笑话，“小子，别逗我了，我一个二婚的，还有个小女儿，谁敢要我？”

“如果对方是我呢？”

这一下，林夏再也笑不出来了，但她还是理解的，现在不是很流行姐弟恋吗？而且这小子总是看到林夏那么辛苦地干活，应该也听说过她之前被骗钱的经历，可能对她有同情或者心疼的感觉。

但是好感不等于喜欢。

毫无意外地，林夏婉拒了子明的表白。之后很长一段时间里，她像是没事人一样继续跟子明一起合作。又过了半年，她的资金终于周转回来了，而且，警察也打电话告诉她，他们的人把她的老同学给抓到了。正当所有事情都真的往好的方向发展时，子明告诉林夏，他准备出国留学了，但他之前给的股份不会带走，后面的收入，她想分他多少都可以。

“夏姐，我一直没有告诉你，很早以前我就经常来光顾你的店了，也经常看到你那个同学因为一些小事找你吵架。有一晚，我很沮丧，因为被爸妈骂我不学无术，结果你给我做了一份很治愈我的饭……我先喜欢上你做的食物，然后慢慢喜欢上你。

“后来，听说你的店出事了，我就想过来帮你渡过难关。来到你身边以后，我发现我也很希望把‘深夜食堂’做好，不知道从什么时候开始，你的梦想，也变成了我的梦想。”

子明还说，他虽然是出了一份钱，但能把这个店经营得那么好，基本都是林夏一个人的功劳。她的付出，她的坚持，她的辛劳，她离婚了还带着女儿，仍然想要实现年轻时候未竟的梦想的那种精神。

这些，都是吸引子明追逐她、爱慕她的闪闪发光的优点。

林夏本以为那一次拒绝过子明，他就不会再想这些事情了，结果，他对她的感情一直没有改变过。直到他要走了，她才后知后觉地发现，在她最困难最落魄，连家人都不曾支持自己的情况下，是子明的到来帮了她一大把。

当然，也像子明说的，她的不服输也拯救了她。

子明离开以后，林夏继续一个人打理“深夜食堂”，生意仍然很好，甚至有人慕名过来做兼职。

但是，她终究觉得有什么变得不一样了。她开始会想起子明，有意的或者是无意的，就连长大了不少的妮妮，也会问妈妈，子明哥哥去哪里了。

是啊，那会儿就连白天，子明也会过来帮忙带带妮妮，让林夏去屋子里睡那么几个小时。她想，感动虽然不等于爱，但是有些感谢，她需要亲自去到子明的面前跟他说。

至于他们俩以后还有没有机会在一起，看缘分了！

闺蜜指南：

女人离了婚不可怕，怕的是丢失了最初的自己，看过很多女孩为了婚姻或者家庭把自己的梦想舍弃，最后也被无情抛弃的例子，其实女人不论结婚与否，都要坚强自立才行！

当然，如果在这个过程中遇到一个懂你爱你，尊重支持你的梦想的男生，是可以考虑一下他的。

021. 请与平凡的我相爱吧

文：云爱

阿雅永远记得搬进隔断间的第一天。

房间面积不到八平方米，只有一个对着过道的窗户，地上散落着上个住客留下的烟头与避孕套。

她一个人忙活了一天，最后累瘫在能把骨头硌坏的木板床上，辗转反侧，身体劳累，心里更是难受。

不知过去多久，传来很轻的敲门声，阿雅开门，赫然看到一张笑得灿烂的脸庞："新搬进来的吗？我叫阿亮，住在你对门。"

"哦。"

然而，阿雅连虚假的笑容也支不上来，很无情地关上门，之后重新躺倒在床上，明明睡不着，还是逼着自己去睡。

阿雅几乎是逃来北京的。

三个月以前，阿雅跟前夫郑涵签了离婚协议，她原本住在老家，离婚以后不是被老妈念叨就是被邻里街坊说闲话。

她想不明白，现在都什么年代了，女孩子离婚有什么大不了的，值得每天都被不相熟的人嚼舌根吗？

于是她一气之下就拖着大包小包的行李来到北京——那是前夫郑涵曾经说过，要带她来的城市——她住了十来天的小旅馆，从网上敲定一份文员工作，然后开始自己的新生活。

北漂过的人都知道，跟陌生人住在合租房里，虽然同住一个屋子，但每天几乎碰不到一面，甚至在楼下遇到，也有可能不认得对方。

没多久，阿雅就适应了北京的生活，每天早上六点半就要起来抢卫生间，七点半已经在等地铁了，有可能等三四趟才能挤得上去，晚上的通勤也一样要命，回到租房可能都要八点钟了，只能随便吃点东西打发一下肚子。

还有，夜晚也要争分夺秒地跟住户抢卫生间洗澡……

时间久了，阿雅也不难发现，除了她本人跟住在对门的阿亮，另外还有三户都是情侣一起搬进来住的。别人都很热闹，不像她没有依靠，没有支撑。

那一晚，公司难得加班，阿雅坐最后一班地铁回到租屋，楼下的小摊都收了，她想着回到屋子里再点外卖，结果一进门就闻到很香的炒菜香。

再扭头看向厨房，是阿亮在掌勺炒菜。

“你好，你要不要一起吃点儿？饭桌我都支上了，你洗个手就可以坐下来吃饭。”

也许，是那一天时间太晚了，也许，是阿雅太累了，肚子也太饿了，所以她才会坐下来跟阿亮一起吃饭。

其实她一直知道阿亮是最晚一个下班的，可他每天就算很晚下班，都会坚持去厨房做点吃的，然后燃气费也会相应地多给一点儿。还有，阿雅也知道他好像跟其他住户的关系也很不错，跟其他人碰到了都会笑着打招呼。

跟阿亮一起吃饭的时候，阿雅仍然话不多，但不得不承认，阿亮的厨艺好得不得了，简简单单的几个菜，竟然被他炒出星级大厨的水平来。她还破天荒地吃了三碗饭，来北京这么久了，阿雅第一次在别人面前觉得不太好意思。

那一天开始，阿雅的老板开始经常让底下的人加班干活，延迟了回家的时间，阿雅自然就会与阿亮不期而遇。

阿亮每次都会提着不重样的食材回来，然后大展身手，让整个屋子都飘满香气。阿雅第一次觉得，这个错综复杂的合租屋里，竟然有“家”的味道。

阿雅之前看阿亮烧菜做饭这么厉害，就猜测过他是做厨师的，可是，她只是猜对了一半，阿亮在一家星级餐厅当帮厨，也是学徒，但他本人从很久以前就喜欢烧菜了。

“那你来北京以前是做什么的？”

“在老家开了个餐馆，后来就关了。”阿亮模棱两可地回答，阿雅当时也没有多想什么。

她只是觉得跟阿亮相处的时候很舒服，是的，也许还有那么一点儿好感，但是，不足以成为爱情。

有一晚，其他租户都不在，合租房却突然停电了，糟糕的是，阿雅当时在洗澡，也没有拿手机，突然看到漆黑一片，忍不住发出撕心裂肺的大叫声。

“阿雅，你不要怕，我就在门外！”

听到阿亮坚定的声音，阿雅竟然真的不害怕了。也是经过那一晚的停电，她好像感觉自己对阿亮不太一样了。

北京的寒冬来临时，阿亮的晚归更严重了，后来阿雅才从其他住户的闲聊中得知，阿亮好像转正了，不再是帮厨，可以亲自掌勺了，自然要比以前忙很多。

圣诞节那天，阿雅的老板突然大发善心，带所有员工去星级餐厅吃大餐，结果，阿雅却在那家餐厅看到了阿亮。

阿亮是被客人请到自己跟前来，然后答谢他烹饪了一顿丰盛的晚餐。穿上白色厨师服的阿亮，站在柔和的灯光下，点头致意都很周到礼貌。

阿雅看得眼睛都酸了，第一次觉得阿亮这么英俊优雅，也是第一次觉得，她距离他是那么遥远呀。

从那天以后，阿雅不再抱怨老板经常变相剥削他们这些小员工，她也喜欢加班了，她想要自己变得更上进一点儿，更努力一点儿，也许，将来能留在北京也说不准呢。

春天来到的时候，难得休息的阿亮敲响阿雅的房门。

"阿亮？"阿雅很惊喜，他们很久没见面了。

"阿雅，跟你说一声，我明天就搬走了……"其实餐厅一直提供员工宿舍，而且环境也很好，阿亮好像找不到继续租这个合租房的理由了。

后来阿亮还说了什么，阿雅都不太记得了，只觉得心里空荡荡的。

阿亮搬走以后，阿雅感觉再拼命工作好像也没有什么用，女人跟男人不太一样，到了适当的年纪就会被不同的人催着结婚生子，更何况，她在北京找的这份工作也没什么很好的前景，同事都是结婚以后闲着才过来上班，她显得像个异类。何况，她妈妈开始催促她离开北京回老家去了。

她妈妈希望她回老家，找个也离异的，两个人将就着过完下半辈子。

"阿雅，你已经离过一次婚了，还那么倔做什么？有人肯要你就不错了。"

"我……我有喜欢的人了。"

"那人家喜欢你吗？"阿雅的妈妈郁闷地答嘴，"你肯定没跟人家说你已经离过婚吧？你要是说了，他肯定不要你的……"

那天开始，阿雅像打了鸡血一样，就算不用加班，也会留下来主动加班。她说不上来那段时间是怎么了，是想要证明给谁看，她一个离婚的女人也是可以的？

也许，只是为了争一口气吧！

三个月后的一天，阿雅竟然升职加薪了，她翻了一圈的通讯录，想给谁打过去分享这个喜悦，最后，光标定格在阿亮的名字上。她想，她真的喜欢上他了，喜欢他给人的安全感，给人的温暖，还有，他做的食物很治愈人心。

结果，她妈妈先打过来了。

“阿雅，你爸中风住院了，你赶紧回家啊！”

阿雅爸的情况比她想得要严重，她妈又什么都不懂，只懂得哭。这个时候，她妈又埋怨阿雅，都怪你，年纪不小了，也不找个男人结婚，可以在你爸出事的时候帮轻一下啊！

过了几天，阿雅又迅速赶回北京，跟老板辞职，把房间转租，最后，她忽然发现来北京那么久了，竟然从没有好好逛过这个偌大的北京城。

是啊，一个女人再厉害又有什么用，家里人生病了，连个能搬得动她爸的男人也没有……

最后，阿雅去到阿亮的餐厅，点了将近1000块的菜，才敢让经理把阿亮请出来。

“阿雅？”突然看到认识的朋友，阿亮觉得很惊喜。

“阿亮，我明天要离开北京了，特意……过来跟你告个别。”

“回去结婚？”

“不，我爸生病了，病得很重，需要我回去照料……其实，我已经结过一次婚了，离了婚才来的北京。”听到她这么说，阿亮震惊不已地看着阿雅，“在这短短半年的北漂生涯中，你是唯一一个给过我温暖感觉的男生，谢谢你，祝你越来越好。”

不等阿亮回应，阿雅就哭着跑走了。

回到家的第二天，阿雅感觉过了一辈子那么久，她24小时寸步不离地守在她爸身边，忙到半夜才有空看手机，才发现根本没人找她。

翌日一早，她到医院附近买早餐的时候，看到一个男人拖着行李风尘仆仆地走过来。

起初，以为是别人，结果等他走近，才发现是阿亮。

“阿亮，我不是做梦吧？”

“阿雅，你那天走得很急，我来不及问你……如果你知道我也是一个离异过的男人，你会反感我吗？”

阿雅一开始是激动，然后是感动。后来才知道，阿亮当年跟前妻在老家一起开餐馆，后来前妻跟其他男人联手把他的餐馆骗走了，于是他也逃到北京去重新开始。

但阿雅不知道，早在阿亮第一次敲她的门，看到她的第一眼时，他就已经对她一见钟情。

也许，经历过类似的遭遇，他跟她都有一种惺惺相惜的感觉。阿亮之所以一直没有明确地追求，是因为他害怕自己从前的婚姻经历，会让阿雅望而却步。

但听说她要走了，他反复地思考了一晚上，决定去她老家，帮她一起照顾她的家人。以后，她去哪里，他也跟着去哪里。

“阿雅，还有一句话，我喜欢你，你……喜欢我吗？”

阿雅没有回答，因为她在重重点头，笑中有泪。

闺蜜指南：

遇人不淑不可怕，婚姻失败不可怕，可怕的是，离婚以后没有办法重新站起来，对从前的自己厌弃甚至放弃。

只要努力往前看，往前走，人生那么长，终会遇到一个对你惺惺相惜的人呀，谁说不是呢?

022. 最难忘的婚前旅行

文：云爱

在婚期还有一个月的时候，周宁搭乘红眼航班飞去泰国清迈。

她不是自己去的，是跟一个叫陈信的男网友——他们认识也挺久了，但从没见过面。

飞机票是提早大半年订的，从广州直飞，秒杀机票的时候，周宁没有想过她大半年以后会结婚。所以，不管结不结婚，她这一次还是要去的。

到达清迈机场时，距离天亮还不到三小时，周宁不舍得花冤枉钱去住酒店，在机场随便找了个位子坐着，打算坐到天亮，再和陈信联系。

结果，陈信也在附近，是他主动走到周宁面前，说：“周宁，你跟照片一样好看。”

在陈信的再三要求下，周宁和他去机场附近的酒店开了两间房。

其实在来之前，周宁自问已经做好准备，她只是没想那么快——就要跟他发生关系。可陈信似乎跟她想得不一样，开完两间房，叮嘱她赶紧回房好好休息，不然第二天不能精神满满地出去玩儿。

周宁心想，也许，是赶了一晚上的飞机来不及洗干净的脸把陈信吓到了。

陈信很细心，他在来之前已经联系好地陪，但周宁觉得，找地陪带他们俩出去玩，丧失了不少的趣味。

犹豫了两天，第三天时周宁跟陈信说出自己的想法，陈信想也不想就让地陪第二天不用来了，之前多付的钱也不用退给他。

“陈信，你会不会觉得我事儿多？”周宁觉得过意不去。

“不会，是我考虑不周，应该问过你的意见，再决定要不要请来地陪。”

在飞来清迈以前，周宁设想过各种各样的情景，可没有想过，一个只是在网络上认识不到两周的男生，都会对她这般好。

晚上，他们一起去参观夜间动物园，观光车一路开过去，不知哪只动物突然在黑暗中嘶吼了一声，把周宁吓得不轻，她条件反射地抓住陈信的手，然后，陈信安慰了她一会儿，把手轻轻搭到她的手背上。

两双手，不知何时已经紧紧牵到一起。

直到下了观光车，周宁莫名觉得身体发烫，她抬头看着陈信，两人的脸庞也挨得很近。

周宁以为陈信会吻过来，她还投入地闭上眼睛，谁知道，陈信礼貌地笑了笑："周宁，时间不早了，我们回酒店去。"

当晚，周宁不知怎的发起了高烧，她在手机上把陈信叫到自己的房间，陈信看她真的烧得不轻，不管不顾地把她抱了起来，然后在陌生的街头找距离最近的医院。

折腾到下半夜，周宁在急症室挂着点滴，看着累坏了在旁边趴着睡着的陈信，脸色虽然苍白，但嘴角跃上一抹很温暖的笑容。

她觉得，陈信很关心她，也很体贴，一路上也没有对她有过非分之想，只可惜，她一个月后要嫁给相亲对象。

周宁靠着他的手臂，也慢慢地睡着了，谁都没留意到，陈信的微信弹来一条信息：兄弟，睡到那个妞没有啊？

周宁的烧来得快去得也快，第二天烧退了，整个人又神采奕奕的。之后的几天，她和陈信的关系好像变得更亲密了，走在游人众多的外国街头上，许多人都以为他们是一对。

久而久之，周宁也觉得她和陈信是一对儿。时间往后推进，她只盼时间可以慢一点儿，再慢一点儿，因为旅程一旦结束，她和陈信也不会再见了吧？

其实，周宁一开始的时候是想自己一个人来清迈的。

这些年来，她没少看到认识的、不认识的人自己一个人跑去旅行，不论去哪儿，只要看到对方是一个人去的，她都觉得特别酷和帅气。她总想着，什么时候自己也能这么酷地去旅行呢。

谁能想到，28岁这一年，她仍然没有遇到心爱的男生，但父母整天逼她结婚，逼得她都要抑郁了。最后受不了了，她只好嫁给一个父母满意的相亲对象。

后来，周宁在网上寻找驴友一起去清迈，但她声明自己旅行结束以后就要跟别人结婚。陈信前来应征，也清楚她的一些情况，两人一拍即合决定一起去清迈。

可又有谁能想到，她会在这个旅程中喜欢上他。

在清迈的最后一天，陈信带着周宁登上素贴山，两人闭上眼睛对着金光闪闪的神佛许愿，把眼睛睁开后，周宁决定要对陈信说出自己的心意。

"陈信，我好像喜欢上你了……你觉得，我们可以谈恋爱吗？"话一出口，周宁羞得想原地消失，她可是个女孩子，真的跟陈信表白了？可是，要是一直拖着不说，陈信也许一直不知道她的真实心意。

明明认识的时间很短，可周宁就是相信他，觉得他是一个值得托付的好男生，她不想错过他。

然而，陈信只是沉默，没有人知道他在想什么。

当天晚上，周宁跟陈信回到酒店，她没有返回自己的房间。陈信知道她想要什么，凸出的喉结滚动了好几圈，他的嘴唇吻下去，然而，只是停顿了一秒抑或是两秒，就火速地离开了。

陈信……他是不喜欢她吗？

周宁看着他摇摇头然后回到自己的房间，一晚上辗转难眠，想不明白这件事。

翌日一早，周宁去找陈信的时候，才发现他竟然悄悄地退了房，自己先离开清迈了。

发现他离开以后，周宁才发现自己有多么不舍得他。这时，手机响了，是陈信发来的信息。

“周宁，对不起，其实一开始知道你要结婚，又约驴友一起出国玩，想来你是想找个能陪你几天的男伴吧？我确实一开始也是想要玩玩而已。可这几天相处，我发现你跟别的女孩很不一样，直到昨晚你对我表白，我才发现，自己也喜欢上你了。

“可我跟你是不可能在一起的吧，我才 22 岁，将来还要读博士，而你家里人催得很紧，各种各样的现实问题横亘在我们之间，所以，我才在昨晚退缩了，因为，我不想伤害你。

“但我最后想说，既然你不喜欢你的结婚对象，要勇敢一点，跟他说明白，终有一天，你会遇到一个很爱你，你也很爱的男孩子。”

两年以后，已然30岁的周宁一个人再次来到清迈，她感觉自己成熟了不少，走过一些陈信曾经带她去过的地方，感觉豁然开朗。

是啊，她已经30岁了，可是，两年前回到中国以后，她勇敢反抗了，没有跟父母安排的对象结婚，然后从广州去到上海发展。自那以后，遇到自己不喜欢的事情，她都勇敢说不，生活再苦再难也没有轻易吓退她。不久，她在上海遇到了真爱。

今年七月，周宁要结婚了，她老公是一个很喜欢户外旅行的专家，跟周宁有很多共同话题。最重要的是，他的人很好，让她时刻感到安心。

作为周宁的朋友，我偷偷问她，那你还想念陈信吗？

她说："我早不想他了，也慢慢不记得他长什么样。或者，陈信这个名字也是假的，谁知道呢？"

但是有些话，是要从其他人口中说出来，才会有着醍醐灌顶的感觉。

错过了陈信，她是有点悲伤，但悲伤以后，人生还是要继续往前走。也是多亏这个人，她才遇到了如今的真命天子。

闺蜜指南：

婚姻是大事，如果不是自己真心想要结婚的人，不能随便点头答应婚事。幸好，周宁在婚前旅行遇到陈信，虽然两人不能成为恋人，但他们都从彼此身上收获了不一样的东西，例如不想要的感情和缘分，坚决不要。这些东西不仅成为回忆，也成为对人生未来指路的养分。

023. 那个 25 岁决定去结婚的女孩

文：卓能能

十月，挂在枝丫上的叶子半黄半绿地在风中飘着，空气中弥漫着地面升腾上来的热气。无论秋天在哪个月份来，十月的第一个星期总是热得像是刚进入夏天。天气热是最招人烦的，更要命的是人身上还要裹上几层几层的纱，浑身闷得透不过气来，心情完全舒展不开。

三个月前在婚纱店一眼就相中了这一件高调的白纱，上半身是旗袍式样，胸口和袖子做了透明的设计，碎亮的珠子星星点缀，下半身的纱则是层层叠高，将她的高跟鞋埋得根本见不到任何影子，她是极高兴的。相近的款式是朋友圈婚礼中所没见过的，剪裁也适合她，衬托得她身材如同希腊的雕塑女神像。

然而，这一会儿，她站在酒店包下的大厅门口，穿着这一身洁白纱裙，腰部被紧紧勒住，头顶颇有重量的皇冠，还要对人来客往的亲朋好友露出八颗牙齿真诚的笑容，她便觉得这身上的婚纱是这辈子披过最重的累赘。

站了快有一个小时，她忍不住弯了一下腰，母亲赶紧过来拉住她的手将她撑起，说道："站好呀，客人这么多，像什么样子！"

"妈——太累了，我背都酸了。"

早晨五点，仿佛都还在夜里，化妆师就来到自己家。之后天亮，伴娘一个个敲门，新郎官带着好友来，兄弟姐妹一家亲似的还玩了几场接亲的游戏，一群人再陪她坐上车开往新家敬茶喝茶。完了这会儿又站在这里像个礼仪小姐似的做迎接，她浑身的骨头都在散架。人们为了一个仪式的圆满，往往要付出身体透支的代价。

"有什么累的！别瞎说，结婚这样的好事怎么能喊累！"

母亲对她严肃道，转眼又对来的宾客露出了满脸的笑容。

"新娘子在吗？新娘子准备好了吗？里面都已经安排好了，差不多我们就开始了啊！"

婚庆工作人员从大厅里跑出来，四处寻找她，四目相对之后一个伸手将她快步领回了大厅。门被关上了，音乐在播放，是婚礼的进行曲。

她听过太多次这首曲子，在别人的婚礼上。但没有想过这么快再听到的一刻，是在自己的婚礼上。父亲走过来站到了她的身边，现场的灯光变暗，只剩一束光打在他们身上，她将手挽住父亲的胳膊，与他一同一步一步走向了那个布满鲜花的舞台。

每走一步，她的心跳就加快一码，扑通扑通地跳着，在她踏上布置好的婚礼舞台的那一瞬间，感觉自己的心跳声都快盖过了现场的音乐。

她抬起头，追光灯打在她的脸上，不远处站着一个男人的身影，因为光源太过刺眼，她看不清对方的脸，于是紧紧地拽住了父亲的手。

有些紧张，有点迟疑。

光下的那个男人正在缓缓向自己走来，她渐渐看清了他的五官，小眼睛，一副黑框眼镜，高鼻梁，黑色西装打领带，个子比穿高跟鞋的自己还要高出十来厘米。

她一边看着他走近，一边听到司仪在耳边说道：

“现在向我们走来的是我们的新娘子和她的父亲，今天他将他宝贝的女儿的手，交到另一个男人的手里。”司仪语毕，男人走到了自己的跟前。

他将手搭在她的手上，转身对那位更年长的男人说道：“爸，宁宁以后就交给我了，您放心吧。”然后牵走了她的手。

终于，在这一刻她鼻头一酸，落下了热泪，那眼泪火辣辣地打在她的脸上，刺痛了她的脑部神经。

莫名地就想起了母亲说的那一句：

“这样条件的男人你不嫁，你到底还想嫁个什么样的？你喜欢的妈妈也让你去争取了，可人家不喜欢你有什么用呀！”

想嫁给一个什么样的男人？

在她懵懂的少女时代想到的第一个人是那个当红的欧美歌唱男明星，横空出世，被赋予了“天才”的称号，声线和长相均无可挑剔，他的每张专辑和海报，她都能欣赏许久。“以后要是能够嫁给他就好啰！”现在到了25岁所谓的“适婚年龄”之后，回想起自己年少时做过的不切实际的梦，嘴角还是会不自觉溢出笑容来。

少女时期的梦，轻轻盈盈的，想一遍，仍然能够甜一遍。

只是结婚这件事情，对她来说向来是离得很远的。三年高中，四年大学，算起来怎么也得是在十年之后，可谁知，上帝拨了拨时钟的路线，十年就这样不打招呼地滚到了自己的眼前。

大学读的是师范，四年来认认真真学习知识，友友好好做人，和寝室的室友打成了一片，和社团里的姐妹们打成了一片，和同专业的女同学打成了一片，唯独忘了在这片“尼姑庵”找到一个性别不同的，凑近看一眼。

穿上学士服告别时，心底到底是多了一份可惜和遗憾。

从三线城市所在的师范大学回到家乡所在的县城，她起初也有些不适。家乡不好吗？倒也不是，毕竟是二线城市下边的县城，经济发展得定是不差，只是日子终归是无聊了一点，从学校下了班回到家，躺上睡了20来年的床，次日又起身前往学校。

学校、家庭，偶尔是和朋友约好的电影院和小餐馆，一个接着一个点连成她的方圆人生。

然后，她就这样在这些小点里，遇见了李吉。

“这地方这么小，我怎么从来都没有见过你？”她问李吉。

细聊起来才知道，原来两人年纪上虽只差了一岁，可从小不在同一片施教区，一个朝东，一个向西，上不同的小学、不同的初中，考上不一样的高中，活动区域有各自的方块。

“以前不认识，是为了现在的相遇。”李吉这样回答道。

“为什么以前不认识是为了现在的相遇呢？”她又问他。

“因为以前还太小，我们要是认识了，我肯定会不懂得珍惜，但现在遇到你，一切都刚刚好。”

就这样，李吉目光炙热地看着她的眼睛缓缓低下头，她在看清那双眼睛里印着自己的样子时，踮起脚尖，迎了上去。

一切都刚刚好。

开始的一切都的确如李吉说的这一句“刚刚好”。她25，他26，你不会过分成熟，我也没有那么幼稚。

她当老师，他是个公职人员，在地方派出所当警察，收入水平也相当。家庭嘛，她不会差，他也够不上特别好。如果不出意外，两个人谈个一年半载的恋爱，在家长的安排下也会牵着手一起踏进婚礼殿堂。

如果不出意外……

到底还是出了问题。

李吉是她谈过的第二个男朋友，但由于初恋时太过于稚嫩和懵懂，他便成了她在明确爱于何物、情为何事之后，正儿八经的一任男友。因此，她预设过了太多偶像剧里相关的场景，希望李吉都能够带她体验一番。

真要细说起来，李吉这个男孩子是有点小浪漫的。

比如说会将送她的口红放在巧克力的盒子里，色号和品牌的挑选定是与众不同，绝不是网上博主鼓吹的那几个大众品牌；夜里她和他聊天，忽然想喝牛奶，他当下就跑去24小时便利店买了一箱开车给她送去……然而，真要说起这些“好”，都是在两个人相处的头两个月。

后来……她和李吉的问题要从她决定参加第二年的当地教师编制说起。

在公立小学满打满算当了一年半的代课老师，犹豫几番是否去私立学校之后，最后在父母的建议下，她决定争取考上地方的教师编制，课业相对轻松，饭碗有保证，更重要的是在这样的小地方，讲出去多有面子。而李吉自从听了她的这个想法之后很是高兴，热情程度比起以往更是加了几分，有时空了还会主动去接她下班，到了晚上发微信鼓励她多学习。看李吉那副热忱，她也被感染了，看书更有劲了，就连周末两个人都约好了上图书馆学习。

一次待在图书馆，看书累了，李吉跑出去给她买了瓶水。她喝着，李吉坐在她对面看着，被目光盯得有些害臊，她问他：

“你老盯着我看干吗啊？”

李吉笑着说：“宁宁，你这次要是考上了，我妈说就安排我们订婚。”

“真的？”她的眼睛也跟着一亮，但转念一想又问道，“什么叫我考上了就安排我们订婚，难道我没考上就不订婚了啊？”

她本想开一个玩笑，没想到这话一出，李吉却沉默了，脸上的表情敛了三分，她咽下口水问道：“你这表情什么意思啊？还被我问中了不成？”

李吉说：“宁宁，你努努力，争取这一次就考上。我们这也是为你好啊，你考上是你自己的，我们又拿不走。”

这话她听着不太高兴了，合着这前后的热情对待都为了她考上这一个教师编制？他们家把她当什么了？有着“正牌女友”称呼的备胎吗？她越想越气，可在图书馆人多眼杂，不好发作，只好压着内心的火，将摊在桌子上的书本一本本塞回包里，然后对李吉说：

“我今天不太舒服，先回家了。”

说完，她就走了。李吉没有追上来。过了两天，李吉也没有再在微信上问候一句。两个人好像都是堵着肚里的火，怕联系后烧着了对方，又恨不得想烧死对方。

三天后，同事生日，一帮人先是吃了饭又合计跑去酒吧喝酒，有男士在的局，酒的数量也喊得大胆，她上个洗手间回来，桌子上摆满了一排，灯光打着，成了亮晶晶的一片。不知为何看着这番灯红酒绿，她心思一动，拍下张照发了朋友圈。

果然，不出十分钟，李吉找她了。

他的语气不是很好，问她在哪里喝了多少酒云云。

她有意吊着他，想出气可又怕他太生气，在几句不痛不痒的对白和娇嗔的责怪之后，她给他发了定位。李吉来接她的时候，她早早就从酒吧里头出来，十一月的风吹得很响，她的鼻尖形成了小小的一块红。远远地，看见李吉停好车向她走来，她身板挺得直直的，待他走近后，两个人堵着的那面墙，瞬间就轰然倒塌了，两只手穿过了那面心墙，紧紧拽到了一块，眼睛对着眼睛，笑开了。

到底还是喜欢着的。

就算怪，又能怪得了什么呢？

话说得糙了点，理是不糙的。考上了是她自己的，对她好，对他们家，也多了份面子不是？她和同事打了声招呼，就跟李吉走了。两个人一路沿着酒吧的小道散着步，像是刚谈恋爱那会儿，有点羞涩，还有点失而复得。

她摇着李吉的手说：“我们以后再也不要吵架了好不好？”

李吉回道：“是你要和我吵的。我和你说，下次再这样我可不来找你了。”

“为什么？”

“什么为什么？我妈说了你们这些女孩子就是被惯多了才那么作，我可不能这么惯着你。”

又是“我妈”。

和李吉在一起的日子，虽然没有听过他提起太多次他妈，但她一直知道李吉的这位母亲在他们的关系里起着至关重要的作用。她像是从不出面的幕后工作者，然而，舞台上所表演的一切都有她掌控的一部分。

李吉的母亲的确是一位厉害的母亲。

即便是她从自己母亲嘴里，也能听出这个女人的不简单。开了一家建筑器材店，自个儿打点生意人情往来，为家里添了新的房，给儿子花钱买了50万的车，这些都出自她一个人之手。至于那位家庭中的“父亲”，更多的时候也是听她的安排。一个家庭之中，母亲太过强势又喜欢将自己孩子常年收于自己的羽翼下，男孩的主观能动性必然是差了点。

比如说，李吉。

她和李吉的遇见，正是李吉母亲安排的，她找到了自己的老熟识，老熟识又找到了老朋友，一层关系带着另一层，就让这个小城里的两位单身男女相遇了。认识不久之后，她才知道，原来李吉的妈妈这么急匆匆地安排这一场，是为了“赶跑”李吉当时交往的不合她心意的女友。找到了她，便一直催促着李吉分手，加她的微信，与她聊天。而那个女孩也没有什么不好，相貌条件也不差，只是“工作性质”不对她的胃口。

李吉母亲挑选儿媳妇的标准自然是不低的，但她又鼓励自己儿子多去谈恋爱——你是男孩子多谈几个没关系的，谈了妈妈帮你看合不合适，不合适妈妈再给你找。于是，这位老母亲并不介意她和她的儿子先试着谈谈恋爱。

她在后面观察着。

两个人在一起不久后，李吉家便差媒人来要了她的生辰八字，说找了一位颇有名望的算命大师看看两人是否适合共结连理。过了半个月，结果出来了，不好不坏，自然是同意再处着，可却闹得她家里人颇有微词：这是什么意思？和我们女儿谈了恋爱，又要算八字合不合？不合，就马上把我女儿甩了吗？有这么做事情的吗？

她心情烦闷，准备躲回房间，刚转身就被她妈妈抓住了手，语重心长地说道："麦麦（家乡话），妈妈已经看明白了这一家人什么路数了，他们就是想等等看，有更合适更好的就把你甩了。这次的教师编制你好好考，考上了妈妈给你找更好的，咱们不要他！"

不要他。

真要说起来，最后好像也的确是她不要他了。可怎么就"不要他"了？

自然不是如她母亲所期待的那样考上了教师编制找到了一个更可心的如意郎君，扬眉吐气似的将李吉撇开，而是两个人在平淡如流水的日子，渐渐就淡下来了。他的关心越来越少，她逼得也越来越急，吵架成了日常便饭，她闹着说他待她不够好，他责怪她不够温柔懂事，最后给她安了一个“怎么这么作”的罪名。“男人嘛，都这样的呀，得到手了，就厌倦了。你就应该吓吓他，让他知道你没了他，也可以好得很，他就知道珍惜了。”好姐妹眉色一飞，提了建议。

怎么吓？自然是假装提分手啰。

下了课，她思前想后，鉴于他近期过于不冷不热的表现，编辑了一条微信发送出去：这段时间我们吵得越来越多，我想可能是因为不合适，才会让我们的磨合期那么长。李吉，我们还是分手吧。

发送之后，她心跳得极快，期待又害怕看到答案。很快，李吉回复了。

他说：“嗯，或许吧。祝你幸福。”

紧握手机的手松开了，心跳顷刻缓慢如八月的湖面，再也起不了波澜——原来他不是不懂珍惜，而是一直在等她开口。但她没有想到的是，分手两个星期后，没有等到李吉求复合，却等到了李吉母亲打来的一通电话，约她吃个饭见面聊聊。

两人约在她家附近的茶楼。

一坐下来，李吉母亲便开门见山，场面话打得漂亮：

“宁宁，阿姨有很多事情可能做得不太好，其实阿姨是很支持你和李吉这段感情的。你长得既漂亮，又懂事，李吉能娶你这样的姑娘，是他的福气。你看我们家，房子有好几套，你嫁过来我们定是也不会亏待你。所以你和李吉的事情，阿姨希望你们再考虑考虑。”

从茶楼出来，她开始不解，难道说李吉的态度并不是他的真心？

她和他都误会他妈妈了？

带着疑惑、些许后悔，她找到了李吉。

将这些日子以来，自己真实的感受，以及李吉对她态度的变化，都清清楚楚阐述了个遍，她说：

“你妈妈来找我了，我觉得她的话有一定道理。但是我想了想，感觉你有时候也有点幼稚，不太懂如何去珍惜一个女生。”

说完这段话，她看着李吉，期待着他说出那一句“以后我会改正的”，此后两个人如王子与公主一般走向完美大结局。

然而，李吉却说：“是啊，我也觉得我自己有点幼稚，可能是我还小，还得再玩两年吧。”

听完这一句，她彻底错愕了。什么误会他妈妈？

是她和她妈都误会了他才是！

司仪站在她的左手边，新郎在她的右手边。她歪着脑袋看着他的脸，又熟悉又陌生。说熟悉，两人订婚以来也已经同居了三四个月，说陌生，是从未想过自己有朝一日会嫁给一个认识不过才大半年的人。

和李吉说了分手，母亲便急忙张罗着给她介绍新的对象，很快就找到了现在的这位未来丈夫。他很好，没有差的地方，家里条件比起李吉来说更胜了一筹，自己经营着小生意，比李吉更懂得照顾她的感受。她想，试试吧，忘掉旧的过去，开始新的未来。新的日子过得不算坏，唯独要说一点不好，大抵还是少了一种叫作“心动”的东西。可生活终究是这样的，普通人过的是日子，童话是不属于成人世界的。两人相识三个月后，近 30 岁的男方被家里人催促着没什么大问题快点定下来，也就将“结婚”这件事情在他们的相处交流中加粗画了黑线。

要嫁吗？

“自然是要嫁！这样的男人，对你好，条件也不赖，你不嫁给他还想嫁给谁？我和你说，你别老想着李吉了，这样的一家人，你嫁过去也不会幸福的。麦麦，你听妈妈一句，女人最后要嫁的都是爱自己比自己爱他多的人。”

是这样吗？未来丈夫真的爱她比她爱他更多吗？两人第一次过的情人节，粗粗吃了一个晚饭，路边买了朵花就回家看电视早早歇息了。可就是这样的一个流程，他是温柔且不张扬的，你也说不上他哪里不好。说不出，才是感情里最憋屈的地方。正因为说不出，也拒绝不了。正如母亲说的，自己还想找一个什么样的呢？两人相处没有什么大问题，丈夫表现一贯得体，他的父母双亲也对她赞赏有加。而她，转眼就 26 了，还要再相遇再了解再分开吗？热情的恋爱谈过一次之后，像是人心被掏空了一般，也扬不起新的心火了。

嫁了吧。

嫁了吧！

司仪在一旁问道："无论富贵贫穷，无论健康疾病，无论人生的顺境逆境，在对方最需要你的时候，你都能不离不弃终身不离开直到永远吗？"

"我不愿意！"话筒递到她的眼前，她看着在场所有的宾客，不知怎么就说出了心里话。

我不愿意，就这样因为一段感情的失败嫁给一个别人口中"还可以"的男人。

我不愿意，我的婚姻在家长不断催促和年龄增长的紧张中，就不明所以地定了下来。

我不愿意，就算上帝不愿意给我一个童话般的结局，我也不想就此将就自己的人生……

"铃铃铃，铃铃铃"

闹钟铃声响了。

她从梦中醒来，看向了枕边的手机，锁屏解开后看见昨晚发给男朋友的那段话：

"对不起，我还没有做好结婚的准备，我们相识才不到三个月，还有很多事情、习惯彼此都不够了解，我不想就这样匆匆忙忙把决定做了，最后让我们两个人都后悔。我想，或许你也还没有想清楚，是否要和我结婚，我们同样都是被家里催着的人。我们可以再多接触接触，你也可以去寻找更适合你的人。”

以上这些，才是她对生活最想给出的一个答案。

闺蜜指南：

因为一段感情失败，就将自己的下半生交给另一个看起来“不错”的人，是在给自己的未来埋下更危险的因子。人生最难得的是平平顺顺，最怕的也是平平顺顺，遭遇感情的失败是必然的，也是能够让自我成长的，而只有经历过失败，你才会知晓自己更适合什么样的人，该度过怎样的一生。你的婚姻，应该和你爱的人在一起，而不是权衡利弊后的选择。千万不要被年龄、家人和世俗的眼光推着往前走，否则回过头来，你只能看见自己匆匆忙忙将自己定了下来，却后悔自己没有欣赏过慢慢走来才能遇见的一路风景。

你的人生永远比你自己想象得更辽阔，你别将就。

024. 开不了口

文：田鲈鱼

好友 M 近日找我相约喝酒。多少有些讶异，M 一直浩浩荡荡在高知独立女性的大道上，天南海北，东奔西走，从不屑儿女情长。平日里闲聊都是政治艺术，人生百态，口红色号娱乐八卦在她的话题里从未出现过。

灯光昏沉的酒吧里映着 M 垂头丧气的脸，全无平日里的自信洒脱，语调里是我从没见过的小女生式无助，翻来覆去都是百般不解和心心念念。

M 有个相识十年的男性朋友 Z，一直不咸不淡地问候着。重逢于当时某个兴起的社交平台，两人联系愈加频繁，关系快速升温。每晚视频信息，情侣轰炸式你来我往，聊也聊不完点滴过去和星辰大海，所谓“友达之上，恋人未满，甜蜜心烦”，这样竟也持续了大半年。

当时两人身处异国，12小时时差做横轴，15000公里距离做纵轴，地理隔离随之也带来生殖隔离。恰逢M冬季回国，男生鞍前马后，悉心照顾，接下来干柴烈火水到渠成。M曾欣喜于这几晚便坐实了恋情，网络上的心照不宣和欲言又止早不复存在。M沉溺甜蜜，畅想未来。但两人始终没说开始，更没有确认身份。M回去之后，男生热度骤减，这次是单方面地回到了不咸不淡。

时隔半载，M发现男生已开始了新的恋情，大大方方秀了恩爱。一瞬间不甘和愤怒一下子往脑子上涌，抓起手机想去质问，发现对方已删除了她所有的联系方式，好像两人互诉衷肠的日日夜夜都不曾存在，点滴情分也已挫骨扬灰。顿了顿，M舒了口气，还好没有质问，质问又能得到什么答案呢？一切回到起点，连句再见都没有。

“为什么会这样？他喜欢过我吗？他找我排遣寂寞？把我当成什么了？”

酒精保护下M频频发问于我。我一边递面纸，一边心疼，但也无力招架。都市男女，灯红酒绿，这样的故事和遗憾太多了，每个都仓促结束，气未绝便匆匆安葬。

这时酒吧播放着容祖儿的《怯》，唱得真切：

如果初恋肤浅

怎么我会兴奋狂热

什么都想，什么都怯

高中时的青涩故事也扑面而来，学生时代每日埋头苦读，但数学成绩实在难看，恰逢班主任是数学老师，因此时刻被打压到灰头土脸。整个高中生涯都兴致缺缺，每日蔫蔫儿像菜市场里霜打过的茄子。

高中时迷恋日漫，即使如此，暗淡的少女依旧怀揣着难以明说的情愫，喜欢那个高瘦寡言，清爽利落，狂热理工和电子游戏的同班男生，眼神总是不自觉偷偷为他拍照。每每晚自习后，两个人打开手机，雷打不动的几十条的短信聊天，聊的不过是班级趣事，他体贴地嘱咐增添衣物，耐心为我讲解数学难题，有着少年特有的温柔活力。老式手机里小心翼翼地存了1000条短信。这些删删减减，精挑细选保留下的短信里承载了沉甸甸的心思和他给予的笨拙真诚的温暖。这些让我在一片灰蒙蒙和干涸中，看到光和亮，以为毗邻着清澈水源。

但我们在同一班级，我却没有对他当面讲过话，羞于望向对方，怯于比肩，就这样持续到高中毕业。这不是一段共同拥有过的青涩秘密的爱恋，只是自己翻越跋涉了暗淡的青春。

毕业后两人各奔前程，联系方式一一更换，自然没了交集。多年后只偶然通过共同密友得知他至今交往的女友明媚美艳，两人不时在社交空间撒狗粮晒合照，照片里男生依旧高瘦清爽，眼里满是担当。

只是现在，我也不讨厌数学了。

“他喜欢过我吗？他有认真对待过吗？”即使时间已过十年，即使潇洒聪慧如M，这个问题依旧如鲠在喉，没有答案和下落。或许有过短暂的动心，或许曾三心二意，心猿意马，或许过程中不知不觉被对方放逐了。每个答案都是自我安慰，每个答案却也是自取其辱。总之，我们曾经心存的侥幸和些许的怯懦，无一都被辜负了。遇到的更多是狡猾，幸运并没有在似是而非的暧昧中庇佑过我们。在畅饮了一杯杯淡淡甜味的雾里看花后，接着泣饮的是真实成长中的苦和涩，那些自以为是的殷殷期盼并未成真过。

M不是男孩的再续夜航，只是一个不清楚游戏规则里被淘汰的选手，是一刻思旧。

我也不是男孩青春期里的地下恋人，只是一位爱编织青春期幻想却过于羞怯的女同学，是青春年少。

怨过这些男孩吗？并没有。

相伴的那些夜晚可曾甜蜜温暖？温暖过，就不是浪费。

几年前去了国外读书，平日泡在图书馆熬夜苦读，假期狂奔在不同的风景中，结交真诚善良的朋友，慢慢舒展自己的身心。不知道是生活里有了更多有滋味的大事小情去体验，还是那些年摆脱了数学，整个人精神状态都抖擞了许多，容光焕发。野心混着踏实筑高台，逐渐不再拘泥于七零八落的边角和虚幻。

当然也看到了更多的风花雪月，有的历经时日终成眷属，有的不幸凋零成残花败叶。只是已学会不去琢磨那些雾里看花，慢慢学会花费更多的气力去打磨掌控一段段关系。有幸在成长中遇到了更浓更真挚的爱，没了年少时的羞怯和躲闪，对当代男女的不过问不负责的情感也心生厌倦。

所以，这一次我鼓起勇气，抛弃迂回，掷地有声：你喜欢我吗？你会认真对待吗？

或许答案并没有不同，得到的还是借口和违心，结局依旧心灰和丧气。

但发问就是一种战胜，战胜了羞怯，战胜了虚妄，战胜了强加的五吨内心戏。与飘忽和狡猾狭路相逢时，自己率先一声吼，不惧兵戎相见，大方享受你真诚的温柔，也全盘接受硬邦邦的心碎。

直到遇到挚爱，才明白有情人比想象中更坦率真诚，更磊落光明。他会主动走向你，坚定于左右，与你共进退。

“我喜欢你，我会认真对待。”

“我知道，我也是。”

闺蜜指南：

亲爱的，年轻时你对爱情一知半解，直到经过时间淬炼，才对自己慢慢理解。在预备期先学会对自己好一点，人都说要爱别人之前一定要先学会爱自己，唯有爱自己的人才能懂得怎么爱人。要知道爱情不会像传单一样信手拈来，一旦某天你突然懂得爱自己了，也就更有自信将可爱的自己展示在你爱的人面前，也才有可能找到那一直等待的机缘。

025. 时光婚纱

文：吴夭夭

上海繁华街边角落里，有一个店面，没有招牌，人却络绎不绝。店铺里里外外装修得色彩跳跃，墙上挂满了婚纱照，充满着爱意。

顾臻，是这家店的老板，婚礼跟妆师，性冷淡的着装风格与店面有些格格不入，脸上总带着浅笑。

从店里走出来，迎面赶上了落日的一抹橘红，顾臻仰头深呼吸了一下，仿佛能嗅到整座城市的爱的气息。

她按照微信发来的定位来到一个很老的小区，穿过摆着杂物的楼道，敲开了有些破旧的门。

准新娘小天呆坐在梳妆台前。

顾臻开始了自我介绍："您好，恭喜您。我是您婚礼的跟妆师，今天来先为您试妆。我会为您设计几套妆发，您挑选一个最喜欢的告诉我，我们婚礼上用。"

准新娘头也没回，嗯了一声。

顾臻俯下身，打开了化妆箱，拿出粉底温柔地说："新娘妆不应该化在刚擦掉泪痕的脸上。"

准新娘再也憋不住，哭诉着："我要嫁的不是我喜欢的人，因为家人觉得我 27 了，怕我错过了这个找不到更好的，被逼着领了证。我的一生就这样毁了。我昨天还梦到了我的初恋，我们牵着手在我们学校的操场上，一圈一圈地散步，一遍一遍地说着情话，我分明能感受到他手掌的温度。当时因为毕业之后他回到了他的城市，异地恋太难熬后来分手了。如果我们都在上海，我们一定会拥有幸福的婚姻，我也不用嫁给现在的老公。"

"婚姻从来不是一个女生的终点。没有谁能够真的逼着你嫁给谁，除了还不够有力量的自己。"顾臻不疾不徐地说着。

小天猛地把头转向顾臻。

顾臻拿出了一套老式婚纱，式样极其过时，有些泛黄，但却极度精致。"穿上它，试试看。"

小天穿上了婚纱，复古的美感充满了全屋，小天被这美震撼地恍惚了一下。顾臻给小天披上了厚厚的头纱，遮住了视线。

不知过了多久，小天掀开了头纱。她又回到了梦里的那个操场。小天知道肯定又是梦，眼角噙着泪，尽力让自己不要醒来，极力寻找初恋男友。

一个年轻的男孩突然拉起小天的手："姑奶奶，别发呆了，我都跑两圈了。"

"嗯。"小天握紧了他的手，有些恍惚，又好真实，"小浚，我们别跑了说说话，好不好？"

"又偷懒了，行。你是不是有什么心事啦？"小浚时刻照顾着小天的情绪。

"你毕业了必须留在上海！毕业之后我们就结婚吧！"小天急切地说。

"好，不走，毕业就结婚！"小浚爱抚着小天的额头。

小天紧紧拉着小浚的手，不敢松开。

一觉醒来，小天遗憾着梦要醒了。睁眼发现自己在宿舍，竟然在宿舍！宿舍闺蜜叫嚷着小天快起床，要研究生论文答辩了。小天难以置信，赶紧拿起手机，顾不上心中的疑问连忙打开微信，找着顾臻的头像，她的头像竟然从好友列表里面消失了。这不是梦！

小天下意识地望向窗外，小浚老规矩在楼下，给她提好了水，买好了早饭。在宿舍楼下等了好久的样子。小天直接穿着睡衣飞奔下楼，小浚娴熟地递上早餐："吃饭，姑奶奶！"

小天一把抱住小浚，哭得泣不成声。

小浚以为她受到了什么委屈忙问："怎么了、怎么了？"

“做了场噩梦，梦见我找不到你了。”小天不忍把目光从小浚身上移开。

小浚笑着安抚着小天，像在宠溺一个孩子。

之后，小天特别幸福地珍惜着眼前的生活，他们一起去食堂、逛夜市、拍毕业照、毕业旅行。小天唯一不忘的是叮嘱小浚一定要留在上海。

转眼，小浚和小天毕业一年了，他们留在了上海，小浚在创业公司拼尽全力想给小天无忧无虑的生活，小天在另一家小公司干着收入微薄的文职，每天等着小浚回来爱她宠她。准备攒够钱就结婚。

小浚一直努力地在工作中成长，陪小天的时间越来越少。而小天的世界只有小浚。小浚依旧宠溺着小天，渐渐地，沉溺在宠爱中的小天忘了这来之不易的现在，只是在不断索求小浚给予更多关怀和物质。争吵越发频繁地出现在他们的生活中。

一个雨天，小天因为工作里又受了气，回到家怒气冲冲：“我们毕业那么久，我一直在等你赚钱娶我，为什么别人的男朋友可以给女朋友找安逸的工作、过安逸的生活，可我还要去办公室受气。”

“不喜欢可以不干，我养你没问题啊，我的姑奶奶。只是你需要现在的生活，我们需要时间啊。”小浚依旧包容着小天，试图安抚小天的情绪，但是这样的生活确实积怨已久。

小天依旧不依不饶指着鼻子数落了小浚半个多小时，伤及自尊的词汇悉数用尽。

小浚积累的委屈再也按捺不住宣泄而出，语气重了些：“从毕业到现在的辛酸，从节衣缩食到现在稍微宽裕，一直是我在努力，我不忍心让你做任何事，你又凭什么一味指责我。我们是从无到有，就必须付出比旁人更多的努力啊。一直在搬砖的手，就很少有空抱你了。你要理解我。”

这样的严厉，在小天看来是绝对受不了的。她整个人傻在那里，所托非人、浪费青春等词语在脑子里不停闪现，几年来的辛酸和朋友的光鲜一股脑儿向自己涌来。小天不顾一切提出了分手，搬出了一起住的房子，回到了家里，拦都拦不住。

拿着小浚省吃俭用给自己买的好手机，一气之下删除了小浚所有的联系方式。还记得当时小浚买到手机给小天送到手里的时候，小浚开心得像个孩子，送礼物的他也开心地哭了。而如今这个手机断掉了两人所有的联系，小浚不断努力挽回，但是小天固执地没有给小浚机会。等小天后悔的时候，小浚因为工作已经离开了上海。

后来家人安排了很多相亲，看到新男朋友这张熟悉的脸时，小天苦笑着。爸妈觉得对方条件不错，怕 27 的她错过了这个找不到更好的，逼着小天领了结婚证，小天也答应了。小天又需要找跟妆师了，让朋友推荐，没多久收到了一个微信名片，加上好友，是顾臻，小天摇着头，无力地哭着，苦笑着。

看着顾臻发的地址，小天来到了店里。明快的装修风格，也完全提不起她的兴致。

小天一眼认出顾臻，顾臻也好像恭候多时。带着小天走到店铺走廊尽头推开了一扇不易察觉的门，里面的静谧和外面的鲜艳形成了鲜明的对比，非常淡的米色墙上几处低调素雅的装饰。她坐在纯白色的办公桌前，打开一个很有质感的棕色的皮质本子，不紧不慢地写着什么。这样的顾臻和这个屋子显得相得益彰。

“我回去了，为什么还是没有好的婚姻？”小天无奈无望，忍不住先问。

“因为在你回去的日子里，你依旧是以前的那个你。”顾臻抬头。

“不是回去就能改变过去的吗？我都回去了，为什么还不行？为什么？”

“换环境、换伴侣、换时间只是形式，能改变你婚姻的只有换下那个过去不独立的你。”顾臻接着问，“回去的日子里，你期待婚姻吗？”

“期待！我知道我回去了兴奋极了，因为回去就可以有幸福的婚姻了。我很珍惜，可是……”小天突然放慢了语速，“后来忘了……”

“那你为了你期待的婚姻做了什么？”

“我在等着小浚娶我呀。”

“好的婚姻是两个人携手共同进步的，从来不是两个人之间的雪中送炭，而是彼此的锦上添花。小浚一直在努力，他走在你前面，你却只有等待、依赖和指责。”

小天哭着沉默了。

新的一天，顾臻来到了一栋装修极度奢华的别墅。准新娘开了门，顾臻自我介绍道：“您好，恭喜您。我是您婚礼的跟妆师，今天先为您试妆。”

闺蜜指南：

如果一定要说你在这次失败的原因，那一定是你自己的幼稚。两个人彼此成长？你全然否定一个只对你好的人的价值，还有什么成长空间？现在知道嫁一个自己不喜欢的人有多创巨痛深了吧？

话虽如此，就像这位跟妆师说的，如果你自己不愿意，没人能强迫你嫁给一个你不喜欢的人。原谅我对你说重话，你值得更多的选择，我的好闺蜜。

026. 为了爱，做个俗人又如何

文：单兮兮

现代人不结婚的理由有很多，除了找不到合适的对象之外，“早结婚就遂了老一辈的心愿”，特别不酷，是又一大致命理由。

比如橘子小姐，从小就接受一切有关男女平等、女性独立的观点，长大了熟读“三十岁之前不结婚”一类励志书籍。

为了证明女生不结婚也能过得很好，她甚至特意考了个博士，并打算做一下女人和男人以外的神奇物种，把晚婚甚至不结婚，搞得再气势磅礴一点。

可惜，她的宏图伟志只是让七大姑八大姨更加着急上火而已。她们充满干劲，给她安排各种各样的相亲局，想尽一切办法给她介绍男生，还连番上阵，对她苦口婆心，希望能把她脑袋里的“现代糟粕”通通洗净。

一开始吧，还都是能入眼的适龄男子。这两年倒好，她的实验取得重大突破，头衔越来越高，钱也越赚越多，相亲对象却越来越烂了，什么离异的、秃头的，甚至不懂礼数，能在咖啡厅当着众人抠鼻孔的奇葩也层出不穷，简直没把她给气死。

她发誓，必须要过上不一样的生活，赚很多很多钱，一辈子单身，做个永远让长辈闹心的姑娘。

只是半年前，她亲爱的导师也开始凑热闹，硬往她的介绍人队伍里站，还说要她必须尽快结婚，免得把女博士的口碑继续搞臭搞坏，“橘子，听我一句。对方挺好的，人品好，又高又帅，自己开公司，也会赚钱，就是学历没你高。”

“大学毕业了吗？”

“还真没有。但人家有 street smart（街头智慧）啊，而且特有意思，你一定喜欢！”导师不甘示弱，橘子小姐却差点一口汽水喷电脑屏幕上。

导师毕竟是导师，面子怎样都要给一下。橘子小姐乖乖赴约，在一个散发中年气息的茶馆里，见到了那位叫白杨的家伙。白杨一米八二，小眼睛，高鼻梁，简直像是刚从影视剧里走出来的。只看一眼，橘子就忍不住在心里为他亮起了绿灯。

仔细一聊，两人都是日本导演是枝裕和的死忠粉，手机屏保是同一部电影的海报。虽然大学没毕业，白杨却毫不逊色，从游泳健身到年轻人的消费新逻辑，几乎每个话题，他都和橘子有说不完的话。而白杨野蛮生长的思维，也经常让学院派的橘子眼前一亮。

晚上回家，他们在微信上聊星星聊月亮，一聊就聊到第二天天亮。橘子心里偷偷惊讶，原来世界上真的有一个人会和自己相见恨晚！

白天，导师看到一夜没睡，却喜上眉梢的橘子，一脸坏笑地感叹，“你们年轻人，也发展太迅猛了吧！”

“哪有！我们就是在聊天而已。”橘子的脸红到了耳根，心里却悄悄地有了个甜蜜的幻想，“要是昨天跟他回家就好了。”

“要了老命了。”发觉自己有这种念头，她心里又怕又喜，“原来 27 岁也完全不影响我思春和小鹿乱撞啊！”

正式在一起后，热爱做实验、看论文，没事就研究高精尖分子化合物的橘子，突然一改大姐范儿，每天都想着吃什么喝什么。她突然想明白了，那些网红美食之所以层出不穷，好不好吃是无所谓的，主要是让相互喜欢的人有了点可爱的由头，有了点热闹可以一起去赶。

半年纪念日，橘子为他查菜谱，亲自下厨，一边捣鼓一边感叹，我一个高知女性，怎么开始做这些婆婆妈妈的事儿了！

还好事实证明，橘子绝非一个天生的厨子。晚上白杨回家，一进门就被熏得疯狂咳嗽，“啊呀我天，媳妇儿，你是把家点了吗？”

望着满桌黑漆漆的食物，白杨温柔地在她额头嘬了一口，

“你说你，就是做公主的命，这些小事怎么配得上你干？以后我给你做饭吧，给你做一辈子。”

“你嫌我做饭难吃？”橘子还是那个橘子。

“不敢不敢！”白杨立马开开心心地夹了一筷子烧糊的酸菜鱼塞进嘴里。

上个月，我拉橘子一起聚餐，这位号称27年“钢铁直男”，毫无情趣的理工女，竟然有了股温柔的风情。我问：“你这，不会是要结婚了吧？”

她上来就给我一个鬼脸，“你才要当人妻了！”但我还没回话，她就又转折了，“还别说，其实认识他第一天，我就想嫁给他了。可是吧，相亲认识，又是在这样一个适婚适育年龄，真要结婚，也太不酷了吧。”

“过得好才是酷，为了酷而酷，一点都不酷。”

“别给我讲绕口令，来点实在的。”她对闺蜜从来不客气。

“那我给你上升一下。想要结婚，是出于你对这份感情的爱，还是出于对单身的恐惧？不想结婚，是出于你对未婚状态的享受，还是出于对‘不酷’的恐惧？其实，判断一个决定是否正确，最简单有效的，就是看看出发点是在于爱，还是恐惧。”

“行吧，那我就结婚。毕竟遇到这样的人还不结婚，简直就是婚姻的奇耻大辱！”

又过了一个月，她突然在朋友圈发了白杨去她家提亲的照片，文案是两个莫名其妙的字：舒服。

我嘲笑她，你不是厌恶相亲提亲等一切迂腐程序的现代青年吗？

她嘻嘻哈哈："我本来就是赌气，不想让爸妈说，'你看，我们说得没错吧？'可是现在想明白了，让他们高兴，顺点他们的心意，又有什么关系呢？关键是我自己真的开心啊。"

任何立场和理念，都是为了让我们更加幸福。而爱情，从来是平常生活里的美妙意外，能在任何不经意的时间、地点破门而入。如果一味追求"现代性"，自动屏蔽来自另一个"世界"的美妙，那其实是另外一种保守。

而在这个多元的时代，保持单身不算勇敢，进入婚姻也不算勇敢，像橘子这样，放下偏见和得失心，为了Mr.Right，放弃长久的偏见，尊重自己的感觉和心灵，才更值得褒扬吧。

闺蜜指南：

原则？那就是欺骗自己、让单身者自尊心好过一点的谎言。不要相信任何一个单身女人遇到一个彼此相爱的机会时还能有坚不可摧的抵抗力。爱情不是理性产物，本质上它就是一种魔法。无论你信与不信，谁都无法逃脱它的引力法则。

敞开心房，无论你对自己或他设有什么条件，在爱情的引力下，一切法则都不管用。既然逃不过，当爱来的时候，干脆直接臣服吧。爱情万岁！

027. 产后抑郁，靠自己救自己

文：大鱼

三年前，和很多年轻的夫妇一样，我们经常讨论有了孩子之后的画面，想象着那样的美好。结婚第二年，我怀孕了，享受着老公的爱和呵护，公婆的格外照顾。我们平常讨论最多的是给孩子取个什么名字，光是聊一聊就觉得很美好。但是生活总是在你一无所知的时候，给你来个冷冷的白眼。

“第九周了，这个胚胎还是看不到胎心胎芽，情况不太好。”辗转去了几个医院，都是一样的结果，心已经痛到了极点，但是医生冷静的话语让我再次感觉到了一阵阵的寒意。就这样，失落难过和痛苦取代了我兴奋幸福的模样。老天爷也真会开玩笑，给了你满心的欢喜，又在瞬间夺去。

坐完小月子后的半年多里，去医院，抽血验血，检查各项指标，混迹各种各样的“胎停群”和有着同样经历的人取经，成了我生活中的家常便饭。疯狂地，一夜一夜又一夜。半年过后，我终于有了答案，原来我所认为的不幸，其实就是生命的概率，每一个女性怀孕，都有 15% 左右的失败概率。只是身边没有人跟你提过这事。后来跟朋友小 J 和羽嫂子聊，才发现她们也经历过，也痛苦过，只是没有人喜欢把自己的伤口揭开给别人看。因为把伤口暴露出来，勇敢地治疗自己，也需要勇气。

半年多的日子说长不长，在焦虑地期盼孩子到来的同时，心里的伤也慢慢痊愈了，时间真是个神奇的东西，能把各种各样的东西，各种各样猜不到的事情带给你。

从济州岛回来，我发现我又怀孕了，希望代替了彷徨，笑容洋溢在脸上。

“咦，你家是不是有双胞胎的基因？”“没有啊，怎么了？”“你怀了双胞胎。”第七周，超声医生给我报了喜讯。我们俩都高兴坏了，我们根本没讨论过怀双胞胎的情况，一般来说，双胞胎是家族遗传或者使用促排药的结果，但是我们双方都没有这个家族遗传基因，也没用过什么药。

但是，我们没想到，接下来的事情，更疯狂。

第十二周，“好像这里还有一个胎心啊，天啊，我从来没有看到过这样的”“不是两个，是三个孩子？”

是的，我们有了三胞胎。看来老天爷从来没有想让我走过寻常路。

产房里，医生护士十几个人围着。

“大毛出生，1.96公斤。”

“二毛出生，2.01公斤。”

“三毛出生，2.3公斤。”

“哇，是三朵金花呢，来，亲亲你妈妈，真的太不容易了。”三声响亮的啼哭过后，护士抱着出生情况最好的老三，贴到我的脸边，粉粉的，皱皱的，好丑的娃，这就是我的宝宝吗？但是鼻子好酸，好开心。

这一刻，我的心才真正落了下来，孩子们都活了下来，怀孕的难，我历历在目，躺在床上不能动弹，出门靠轮椅，我都熬过来并且胜利啦。

生命真是神奇又奇妙。

只是，生了娃的欣喜也抵不过产后抑郁的情绪。

孩子出生之前，我就给他打过很多预防针。要主动照顾孩子，要把我放在第一位，要调解好婆媳关系，不然我会抑郁的。可是面对带孩子的辛苦和烦琐，我还是没逃过抑郁的难题。

我们为了娃打嗝的姿势对不对，婆婆是不是重男轻女之类的事情，可以激烈争吵，可以相互指责。不再热烈亲吻，不再每日拥抱，不再牵手嬉笑。孩子有了，可是爱呢？

我觉得我是天底下活得最累的人，怀孕的难我都挺过来了，却打不通抑郁的关。

生了宝宝的这一年，沉闷空虚，感觉累到极点了，情绪极度不稳定。但是每天还要照顾三个爱哭的娃，真想躺着不动。那段时间的我，对身边的人都充满了敌意。每次带三个娃出门，听到最多的话是“真羡慕你，一次搞定三个，不用再生第二次。”“有三个女儿，人生赢家，好幸福啊！”“虽然辛苦，可是换回三倍的幸福啊！”真想怼回去，幸福你妹啊，老娘累死了，没看到我生完孩子一年，就暴瘦了60斤。

和婆婆关系也不好，朋友说，“遇到好婆婆是运气，遇到坏婆婆是修炼”，我属于后者，我的“圆规婆婆”，瘦高个，眼睛经常溜溜转，爱算计，阴谋论者。觉得所有人都有不可告人的阴暗面。她也是个奇葩，遇到谁不管熟不熟的，都会大吐一顿苦水。

因为婆婆总是挑剔我的各种行为，我们成了“敌人”。

每次吵完，我总是希望自己能更平和一点，宽容一点，安慰自己没什么大不了的。可是面对家人的时候，又变得像一只迷途发怒的狮子，只想撞倒对方发泄委屈。

说好的一家人美美好好地生活呢？说好的有了孩子之后更加的美好呢？我看不到。

“生了孩子就好了”，真的是最会骗女人生娃的鬼话，明明就是老公不理解，婆婆不对付。

在我感觉到了人生黑暗甚至想过结束人生的时候，我的朋友X小姐，跟我打了一个比喻。我们每个人的能量像装在一个乘着满满水的茶壶里，每花一点能量都像茶壶里的茶要倒去不同的杯子里。孩子分去一点，先生分去一点，工作分去一点，健康分去一点，每一样事情，都分出去一点，如果不往茶壶里填水，那你就要被掏空了。你需要找到能蓄水，蓄正能量的事情，才能保持能量还能被继续分出去。

这个故事给了我一个强烈的心理暗示。于是我决定“丢下”孩子，先去疗愈自己。我列了张清单，把我能想到的恢复我正能量的事情统统列出来：和朋友出去喝茶聊天，和老公每周六晚上单独约会，看电影，去运动，参加育儿教育学习班，认识新朋友。当我按着正能量行动清单去一件件实施的时候，我发现，世界真的变得重新美好了起来，认识到的新朋友棒呆了，有牙医，有老师，有 60 多岁的退休老教师，有世界 500 强的企业培训师，每个人都不一样。她们把她们的世界向我诉说着，我们一起分享着彼此的故事，像织成了一张传输能量的网，这个网，给了我力量；和先生的独处让我们能平静沟通，我也了解到了他的压力；运动让我身体变得轻盈，这一切的转变，让我不再沉溺于孩子每日的屎尿布和哭声里，随着自己的状态好起来，我和他像回到了恋爱时候的样子。

靠着这张正能量清单，我走出了抑郁。我明白了，别人羡慕啥都没有用，欢闹过后，你面对的只有自己。每一个人都应该列一张这样的正能量清单，只针对自己，用自己的方式，给自己输送正能量。感觉自己被掏空的时候，去做一下清单上面的事，找回自己的能量，找回快乐的自己。

因为抑郁，我曾经跌入过谷底，那里看似没有人等我，只有我一个人，我会孤独。但是实际上那里又有很多人在等我，他们等我走近他们，等着牵住我的手，给予我能量，让我感觉温暖。只是，我需要走出这一步，我需要走近一点点。

越走近，越明媚。

闺蜜指南：

这世界最强大的靠山是父亲的肩，但父亲也是女人生的。女人啊，背负着地球法则的泉源与痛苦，既承受怀胎之苦，分娩后又可能罹患产后忧郁，仿佛世界的苦难都集中在女人身上。当遇到问题时，除了依靠自己或身边亲友，寻求专业医生的帮助也很重要。每个人的承受能力不同，当一种方法解决不了你的问题时，记得多寻求专业的帮助。记住，女人，你并不孤单。

028. 笨蛋，原来你一直爱着我

文：云爱

陆小姐从没想过，她有一天会与相爱多年的陈先生离婚，前一天晚上，甚至之前的七年，她一直被称为陈太太。

说起他们离婚的理由，也是狗血，陈先生竟然有婚外情了，被陆小姐发现的那天，他抱着她的大腿，痛哭流涕地道：“老婆，我错了，我只是不够坚定，一时受人迷惑……”

陆小姐是 17 岁的时候与陈先生相爱，恋爱五年后结婚，婚姻维持了七年，两人相爱的时间加起来 12 年，却抵不过他轻飘飘的一句“一时受人迷惑”。陆小姐如今才 29 岁，加上保养得当，外人看她也才二十三四岁的样子。

离婚以后，陆小姐犹如被人狠狠赏了一巴掌，她从前被陈先生照顾得很好，不会做饭，也不曾出去工作过，现在，什么都得自己来，都要为自己做打算。

她去人才市场应聘，许多公司老板看她年近三十却没有一天上班经验，纷纷摇头把她拒绝。

她搬到一个单身公寓去住，家具齐全，可要是出了什么小毛病，她不舍得花钱喊师傅上来处理，只好化身成为一个女汉子，学着自己修好。

没多久，陆小姐找到人生中的第一份工作，可以解决房租，也能解决温饱，她不介意单身或者婚否，她只求自己活得随性，开心。

可陆小姐离婚没多久，她的父母便开始一天五个电话地催婚，说她有过婚史，被耽误了十几年，现在还不找老公，将来老了没人照顾怎么办。

更要命的是，陆小姐的父母直接把不同的男人带去她家，让他们当着老人的面上演一场场可怕的“非诚勿扰”。

但不知道是怎么了，离婚以后，陆小姐好像对男人免疫了，被逼着跟父母介绍的几个男人吃完饭以后，她坚决声明不再见任何男人。

面对父母的催婚，她也从一开始的焦头烂额，慢慢想出一套方法，扯东扯西的，让父母无话可说。

再不济，她大不了花点钱给他们俩报一个老年旅游团，送他们去世界各地游玩。

就在这时，她遇到了林先生。

是一次同事的聚会上，据说林先生对她一见钟情，便开始对她展开猛烈的追求攻势。

林先生一有空就会开车到陆小姐的单位，接她一起下班。他不会俗套地带她吃饭或者看电影，他很会投其所好，知道她爱听歌剧，会去买 VIP 的票然后送到她手上；知道她喜欢去旅游，也会大方地邀请她跟几个朋友一起出门，不会为难她，又可以给自己争取机会。

更重要的是，他们永远不缺聊到一块儿去的话题，有时候还会说上个一天一夜。

相处了一段时间，她发现林先生不仅人长得英俊，为人温柔体贴，也风趣幽默，最难得的是，他每天都会精心炮制几条原创笑话，逗得她捧着手机开怀大笑。

可是，这就是她想要的爱情吗？陆小姐疑惑了。

那一晚，林先生又约她一起去听歌剧，她故意迟到很久，躲在远处想着待会儿是否要跟他说清楚，没想到，她竟然看到许久不见的陈先生突然出现——他鬼鬼祟祟地观察了四周，等发现没有可疑的人，才敢坐到林先生的面前去。

他们俩也没说很久的话，陈先生便匆匆走掉。奇怪的是，陈先生没有开车，而是乘坐出租车离开。

陆小姐连忙给林先生发了个微信，告诉他自己临时有事去不了了，然后便跳上一部空的出租车，让司机追着陈先生的车子。

车子一路夜行，最后停在一家灯光明亮的医院门口，陆小姐的头脑一片空白，不知道他这么晚来医院，是不是身体不舒服。

陆小姐这才发现，原来陈先生仍然是她的心结，是她离婚以后不能再接受别的男人的唯一理由。

谁知道，陈先生不是来看病的，他是偷偷从住院部溜出来的。一个小护士看到他回来，劈头盖脸一顿骂，可骂着骂着，她感触颇深地问："你是不是又溜出去看你太太了？"

陈先生苦笑着摇头："她以后会是别人的太太。"

当晚过了探病时间，陆小姐一夜未眠，第二天一早就跑到医院住院部。

她看到陈先生穿着宽大的病号服，短短几个月瘦了将近30斤的样子，可他跟其他病人在一起，还是那么英俊不凡。

陆小姐迈着沉重的步子走到他身边，然后不管不顾地抱着他。

也是那一天，陆小姐才得知陈先生之所以提出离婚，是因为他在公司的体检中被查出来肺癌中期，他害怕自己治不好，更害怕因为这个病拖累自己深爱多年的陆小姐，但他又十分清楚她的个性，要是被她发现真相，她一定会坚定不移地陪着自己，他最无法接受的是努力了很久还是治不好，她要眼睁睁地看着他离开人世……

所以，陈先生才会想出这种“有外遇”的烂借口，逼着陆小姐跟自己离婚。

可是，分开以后，陈先生还是按捺不住关心陆小姐的心，他更不放心将来有一天，她会嫁给一个样样不如他的男人。

最后，他一个多年的好朋友从国外回来，也就是林先生。林先生样貌家世样样不错，也在找适合的伴侣度过余生。

于是，陈先生让林先生组织一个聚会，也拜托陆小姐的同事带她去出席。后来，当他听说林先生对陆小姐的印象不错，于是经常跟他联系，主动跟他说陆小姐的爱好以及喜欢和讨厌的东西……

陆小姐才明白，难怪林先生这么会投其所好，其实是因为有陈先生在背后充当军师指点呀！

“小陆，你还是走吧，我不能耽误你……”

“我今天帮你跟医院请了个假，你得陪我去个地方。”

“什么？”

“去民政局复婚呀！”陆小姐想要责怪陈先生，可心中被满满的感动填满，最后化为勇敢认爱的力量，“不论最后的结果怎样，这一次，我不会让你再放开我的手了。”

两双手，紧紧牵在一起，是天长地久的手势。

闺蜜指南：

两个人决定走进婚姻，更多的是要承担彼此的责任。不论顺境逆境，贫困疾苦，生老病死，你还会紧握他（她）的手，还会继续跟他（她）在一起吗?

每一对爱侣在婚姻中都会遇到各种各样的问题，当问题出现，想要退缩时，不妨想想当初自己为什么会爱上这样一个人。

只有真爱才是无敌呀。

029. 我喜欢的人今年已经 40 岁了

文：卓能能

钥匙、门禁卡、浴室的毛巾、电动牙刷……她数了一遍又一遍，将那些和自我生活轨迹有关的一切全部罗列出来，衣物放进行李箱，钥匙和门禁卡放在房间的床头柜上。在做完这一切之后，她推动着行李箱往房间门口走去，箱子的轮子发出“咕噜”的声响，像是一阵从远方飘来的鸣笛声，扎着她的耳朵，让她的心头跟着跳动起来。

轮子带着箱子一路滚，滚到了客厅，停在一双棉质灰色拖鞋的一侧。

“钥匙和门禁卡，我放在房间的床头柜上了。”她低着头对那双拖鞋说道。

"好。"男人站起身来，把手搭在她的肩膀上，她也顺势抬起头来。

他的眼角有几道明显的皱纹，黑框眼镜架在鼻梁上，因为头微微低着，镜框滑了一点下来。她就这样对上那双眼睛，那里早已没了少年人的清澈，反而是几道中年人的浑浊，她心跳越来越快，脑海里冒出一句话："他怎么突然老了？"

是，在她的眼里，他是突然老掉的。

好像在昨天，就仿佛在刚才，她看着他成了一名名副其实的中年人。

"需要我送你吗？"男人见她看着自己，抽了抽鼻子问道。

"不用了，我已经叫了车。"她边说着，边把箱子往门口方向推去，男人在后面跟着。

"好，那你自己注意安全。"他说。

沉默。

到门口两步路的距离，两个人花了三分钟，前面的二分五十八秒全部用来沉默，直到最后两秒，她转过脸来，小心翼翼地问了一句："你可以再抱我一下吗？"

他没有说话，伸手将她揽到了自己的怀里，她把头扣在他的肩膀上，闻着衬衫上传来的熟悉味道，眼眶成了蓝色的海洋，海水从里面翻滚出来。

海水带着浪潮，眼泪就这样一轮又一轮地涌上男人的肩膀。

“好了好了，不哭了。”他轻轻抚着她的肩膀说道，“孩子，走吧。”

终于，在这句话的触发下，她的眼眶成就了一片惊涛骇浪。

人说，相遇即是缘，分别是缘尽。

关于人与人之间的那点事，前人早说破了。

时间拉到21世纪，新青年一派对于这种“佛家”爱情言论又进行了改变，进而发展成了“佛系”，通俗地讲就是“爱谁谁、无所谓”。

在紧跟时代潮流，和正值年青一代的她的眼里，更是如此——“真爱在路上，可你就是遇不上。”

“急什么，你这会儿Master（硕士）刚读完回来就想着有什么男朋友怎么可能，前面还有许多bachelors（单身汉）苦苦多等了一年，还没有找到呢。”第六十个加班夜晚回家，和闺蜜聊微信，对方回复道。

三个月前，在英国研究生课业读满回国，前面忙着找工作，如今工作安定了之后，她开始在偶尔几个加班回家的夜晚思考起“谈恋爱”这个命题。在很多个类似叫作寂寞的夜晚，她也想过，最好也能找个一样的Master，共同语言总是能多些。

然而，Master的基数自然抵不过如今满大街的bachelors，于是她就这样毫无预兆地撞上了她的bachelor。

故事发生在一个小脏摊儿上。

这种夜深了还能吃上几口热乎夜宵的地方，在南方是烧烤摊和飘着锅贴香气的粥铺摊子，到了北方，被唤作一个更为接地气的名字——“脏摊儿”。

她说现在这样的脏摊儿在北京已经不常见了，她小的时候那真是满城都能找到地方吃上，而如今，那可能是真知道吃，和住惯了熟知北京的人才知道。

她自然是熟的，更别提他，两人都是这皇城根底下，土生土长起来的人，真要细算起来，可能还拥有着同样的城市记忆版图。

一份卤煮，一份炒肝儿。

晚上九点下班之后，她都会遛到公司后边一家小脏摊上要上点从小吃到大的吃食。

大多数的时候，她都是低着头，一边刷着手机一边吃完。

直到那天晚上，有个男人坐到了她的对面说：“你好，这里有人坐吗？”

“没有。”她抬头看了一眼，隐约觉着这人面熟，却不疑有他，继续吃着。

吃完，结账走人。

本就是这样，平平无奇的一声招呼，和本不该有后续的开头。

可偏偏，故事犹如《卡萨布兰卡》里的经典台词一般——“世界上有那么多的城镇，城镇中有那么多的酒馆，她却走进了我的”。地点切换成北京城，便成了北京那么多卤煮店，卤煮店里那么多位子，他却就坐在我对面。

一次，两次，还有第三次。

“我怎么觉得您有点面熟？”第三次，他坐到她对面，她问道。

“可能我是大众脸吧。”他回答道。

“真不是，我总觉得在哪里见过您。”

他看她那么认真说话、满脸孩子气的样子，忍不住笑了，说道：“我之前也坐过你对面。”

“我说呢！怪不得觉着您这么眼熟。”她笑了。

后来，两人像是有意等着对方似的，差不多同一时间吃完走到了摊位口子上。

“你住哪儿？这么晚了，你一个女孩子回去不安全，要不要我送你？”两人站在那儿沉默了一会儿，他问道。

“哈哈，我一个女孩子这么晚了还让陌生男人送，才更不安全呢！”她笑道，“我家不远，就几里路，自个儿坐地铁就行。”

说完，她挥了挥手就走了。

北京十一月的风很紧实，呼呼地打在她的脸上，不知是不是这风打得太让人生疼，她显然感觉到脸上有一阵燥热。

“到底是在哪里第一次见过这个人？”

直到坐上地铁的那一刻，她还在自己的脑海里做检索，然而，绞尽脑汁怎么也想不出一个明确的时间和地点。

“难道真是之前吃卤煮的时候坐过我对面？”

她一直想啊想啊，而命运就像是早已盖上邮戳注定寄到她面前一般，几天后，在公司食堂她又遇到了那个男人。

跨过几行队伍，她立在他面前说道：“嘿，怎么在这儿也遇上您？”

“你说呢？”他扬了扬手头的工牌，笑道。

说来也奇怪，自打相识之后，缘分像是捏成了一个圆。

从左到右，从右到左，总是能遇上。

不是她去公司取快递的地方，就是在食堂。

不是在食堂，是在一栋楼到另一栋的走廊。

不是在走廊，在吸烟室和公司咖啡馆。

总之，就是能碰上。

一次，两人都在公司的“小邮局”取快递，她的快递箱位在他的下侧，她一抬头，他一低头，两人又撞上了。

打了声招呼，本打算就走，他忽然把她叫住了：“你看，咱俩认识这么久了，居然连个微信都没有。”

她自然是懂的，一拍脑袋像是想起了什么似的拿出了手机，两人成了真正意义上的“好友”。

回到办公室的座位上，收到了他发来的微信，礼貌性地介绍——“某部门 + 李 X”。

原来，这就是他的名字。

她心想着，也把自己的名字发送了出去。

后来的故事……

如今她再度回想起来，后面的故事，纵使她有千万个“克制”，也终究会驶向相同的发展轨迹。因为早在相遇的那一刻，他便成了远航的船只，让她漂出几百个海里，寻不到靠岸的方向。

经常性聊天，偶然性约饭，她是蹭吃的公司新人，他是经验老到的职场老油条，两个人总有话题能扯上。

一次，下了班，她在公司门口碰见了他，见他抬着一个小箱子。

她问他：“你这拿着什么呢？”

他说：“买了几瓶红酒，寄到公司来了，正准备搬回去。”

她凑近了，琢磨着箱子问道：“是什么好酒啊？”

他笑：“也算不上特别好的酒，但晚上自己回家做点饭，酒也会是好酒。”

“您还会做饭哪？”

“那可不，要不今晚上我家试试？”

算得上正式邀约吗？

当然算不上。

在 90 年代出生的她的思维逻辑里，早就和同龄的小姐妹们盘算出一本和暧昧男女约会相关的指南和计分标准——男孩约女孩，必然是要提前一两天，且不能是凌晨发来的，不然显得太过于心血来潮，不够真诚。

而这会儿，那句“试试”怕是连邀约都算不上，充其量就是个玩笑话。

可她，就是动了身。

坐上了他的车。

他的房子整洁得一塌糊涂，让她这个25岁的少女都自叹不如，拖鞋两双，摆放在门一旁，茶几上银色的烟灰缸清理得亮着光。

“你一个人住啊？”她小心翼翼又试探性问道。

“嗯，我离婚了。”

那天晚上，两个人聊了很多很多，但具体聊了什么她也想不起来了，唯一能够记得的是——他煎的牛排生熟刚好，又很柔软。

柔软得如他的舌头。

如他的床榻。

第二天醒来，恰逢周末。

她一个人理了理衣服退出房间，回了家。

到家之后，试图想要厘清昨晚发生的一切，无奈睡意滚滚，她就这样昏睡了一天。

第二天，也是如此度过。

而两个人之间，似乎早就有了默契一般，他没有再发送信息给她，而她拿起手机好几轮，也未曾找过他。

直到周一加完班的夜晚，收到了他发来的讯息，询问她在做什么，是否已经下了班。

男女之间，有时总是绷着一根弦，你我都拉扯得紧，弄得彼此精神紧张。

所以，在收到他那条微信之后，她听见自己绷着的那根弦“刺啦”一声，松动了。

“刚下班。”

“我也刚下班，要不要去吃份炒肝儿？”他问道。

还是那家店，他依旧坐在她的对面。

和以往不同，这回的她坐在那里总还是带了点局促不安，手一会儿摆在桌子上，一会儿又放到了两腿上。她不知道该开口说些什么，又或者是在等，他能开口说些什么。

然而，出乎意料的是，他却什么都未提。

仿佛，那一晚风过了无痕。

两人不尴不尬地吃完了夜宵，从小摊上儿走出来，来到他的车前，他这一次很坚持地要送她回家。她是不好反对的，这回她能说些什么呢？不安全？别逗了，如果说让对方送自己回家不安全，那上次被送到了对方家里，又算得上什么呢？

她上了车。

车开过国贸桥，都市的繁华是她从小就熟悉的景象，只是这一刻变得陌生起来。她注意到，他的车里没有播放任何一首歌曲，两个人没有说一句话，寂静的火苗蹿在她的心间。

快到她家小区门口时，他车速放缓，把车停靠在了路边，没头没脑地说了一句："这周三，要来我家吃饭吗？我又买了点红酒。"

她犹豫了一会儿，说道："好。"

人有意思的地方在于，有些话是用来猜的，而有些话，是我们彼此都懂，却不说明白。

他的询问正是如此，而她那句"好"，也就把彼此的心有灵犀勾勒出了连接符号。

很后来很后来，她都快有点数不清，两个人在他家吃过几顿饭，喝过多少杯酒。

只记得，从西式餐点到中式饭菜，她肉眼可见地发现自己的体重在上升。

她一口一口地把那些秀色可餐的食物递进自己的嘴里，柔软的、坚硬的、富有香气的和嘴边能冒出汁液的，都交付到了她的胃里。

而她，终于在一次次的胃饱满之后，开始把自己的心交了出去。

"我喜欢上了一个男人。"

"好事啊，谁啊？做什么的，多大？"凌晨，闺蜜的越洋微信吵醒了她。

她握着手机，打下几个字："和我一个公司的，40岁了吧。"

打完字，又删掉了。

要怎么去和朋友说明——自己喜欢上了一个男人，结过一次婚，没有小孩，年纪快赶上她爸了。更难说明的是，这个男人，年纪虽是一把，可兜里的的确确没有几个钱。土生北京人，有一套自己的房子，一辆小车，剩余的都不是什么值钱的货品。

她对他的感情，和利益真的毫无联系。

但一想到，他的年纪，她便觉得将这一切解释起来，将会是天大的一场误会。

而，更大的误会是，这个男人爱她吗？

她不知道。

她唯一知道的，是他们之间是靠着那张餐桌、那个红酒杯以及那张能让人整晚安眠的床连接着的，她还知道，冬去春来，两个人的联系越来越少。

最后彻底断在春分的那一刻。

在两个人不再联系的半个月里，她时常想到他，有时觉得这是一种发展的必然，但想来又觉得实在是不甘，可又不知该怎么开口找他。

想了又想，烦了又烦。

那天晚上，她下了班和同部门的一帮同事去喝酒。

酒过三巡，有人提议玩真心话大冒险。

她运气挺好，一直玩到后面几把，才中了招，选了一个大冒险。

酒局上的大冒险没有什么新花样——给你喜欢的人打个电

话，问他一个你最想问的问题。

她第一时间就想到了他，犹豫再犹豫，旁边人却催促得不行。

手机最终还是拿起来了，拨打过去。

他很快就接了，语气很柔和，问她怎么了。

她本就是酒壮怂人胆，借着酒意借着游戏的由头，头扬得高高的，语气模糊地问：“你喜欢我吗？”

“……”

不知道是被人盯着没意思，还是酒劲上来见他却没有任何回应，心头的火便燃了上来，控制不住地又问了一句：“你是不是不喜欢我？”

“你喝多了吗？”他的语气，比她刚喝下的酒还要冰。

“是，我喝多了。”

“那你早点回家。”

她忍不住了。

鼻腔泛着红色的斑点，手死死地拽着手机，问道：“你为什么不喜欢我呢？你知不知道我真的很喜欢你。你为什么就不喜欢我呢？”

见她这样，旁边的朋友开始着急了，纷纷上来拿下了她的手机。

后面，忘了是他挂掉了电话，还是手机被朋友拿去掐断了。

但在所有快忘掉的情节里，她还是能清晰地回忆起来，当时他冰冷的口吻，叫她早点休息，没有多余的关心，更没有被表白的欣喜。

两天后，她决定把这段感情彻底地洗除。

而就在决心要删掉他微信的那一刻，收到了他发来的一条信息：

“小朋友，我该拿你怎么办？”

小朋友，我该拿你怎么办？

是，彼此差了 15 岁，在他的眼里她可不就是一个小朋友。

然而，她就是这么不争气，在这样的一句话里，愣是听出了宠溺的味道。

两个人又重新开始见面，聊天、吃饭，享受夜晚。

而这一次，更像是一种正式的关系。

他们会去看电影，会去旅游，除了年纪，和她朋友圈里那些正在恋爱的，和她一样的“小朋友”们没有差别。

她曾经很多次在想，他们的关系会走向什么样的方向？

会结婚吗？

会生子吗？

会这样安定地走下去吗？

每每想到这些令人忐忑的话题，她就不由得紧张。

如果这是一段健康的关系，那她该如何告诉自己的父母？

该如何和自己的朋友介绍他？

日子就这样过了一年，又半年，两个人都相安无事地处着。

一直到，她某一天，在翻他手机的时候看到了一条暧昧不明的信息。

她点了朋友圈，发信人和她年纪差不多大，就像前年那个时候刚遇到他的她。

在那一刻，她感觉到自己脑门上有一股血直直地往上冲，产生一种晕眩的感觉。她控制不住地手发抖，直接上前抓住了他的胳膊：

“你是不是在和别的小女孩搞暧昧？”

“你说什么？”他一脸疑惑。

“我看了你手机，有个女孩子一直给你发信息。我真搞不懂，你还有什么不满足的？我比你小了15岁还不够吗，你还要出去找小女孩，怪不得你会离婚，你这个渣男！”

她一口气说了很多，说得他一头雾水，她自己也头晕目眩。

好不容易缓下来之后，看见他翻开手机，和她一五一十地解释，这上面每条信息的来意和发信人的关系——言下之意，你太过焦虑了。

的确，她是焦虑的。

她这段时间一直焦虑，焦虑到她甚至想下一秒就快点把他们的事情定下来，不至于自己每天都那样焦躁不安，搞不定未来到底该怎么办。

他早就年纪一把，看透世事，而自己不过是个还想结婚的，即将迈进 27 岁年龄大关的女性。

显然，他没有这番意向。

只是不咸不淡地，和她处着。

看着同学一个个结了婚，或者即将结婚，她的心态崩了。

他像是看出了她的烦恼，走到她身边坐下来，说道："其实，你应该去找更年轻的男孩，和我这样的老头在一起，会很累。"

"你什么意思？"

他没有说话，抬头望着她。

她说道："我爱你，我想和你结婚。"

"我也爱你，但是，我已经结过一次婚了，对于我来说，婚姻就是人生的一场错误。"

"那不一样！"她有些生气地语调上扬。

"有什么不一样呢？等你到了我这个年纪，很多事情，会想明白很多。"

她反驳不了。

在"婚姻""失败"这件事情上，他就是那个过来人，她是个未经历者。

后来是怎么分的手，她也说不清了。

不是在大吵后，也不是在他不再体贴，更不是在他和别人暧昧后。

而是日子一天一天地过，有一天，她突然觉得没劲了。

分手那天，她把东西全都搬出了他的家，找了好友到了之前两个人认识的脏摊上。

她说："我分手了，你陪我出来吃点东西吧。"

好友当即就打了车过来，风风火火坐下第一句话："宝宝，咋失恋了？！你这恋爱谈得悄无声息啊。哪儿人？多大啊？"问完之后，又心想不对，说道："不对，你都分手了，不问了不问了。"

"这都分手了，我就和你讲讲吧。一个男的，40 岁，年纪快赶上我爸了，我这样说你可别笑我，我绝对不是贪他钱，他也没钱，我们俩就是吃着饭，吃着吃着吃出了感情。处了也快两年了吧，他对我挺好的，可怎么说呢？我想结婚了啊，你们一个个都要结婚了，我也想结婚啊，可是他……他说，不能和我结婚，他说婚姻就是一个错误。"

说到这里，她有些哽咽，又说道："你说也奇怪，他说不想结婚之后，我居然也没有什么动力和他谈下去了。两个人在一起，总得有一个目的吧，和往后要去的方向，既然他不想和我结婚，而我的目的又是结婚，何必呢？

"岁月蹉跎，离开他，找下一个吧。"

那天晚上，她吃了不少东西，喝了点小酒。

脏摊上人来人往，她恍惚间好似看到了他，可仔细一看，又发觉是认错了人。

事实上，在那晚之后，她再也没有来过那个小脏摊儿。

他，也是。

闺蜜指南：

相爱的两个人在一起，总有一个目的要去，可能彼此都只是为了单纯地享受这段关系，也可能是为了一个“结婚”的目的。无论是哪一种，你选择的人，一定是和你有着相同方向的人，这样你们才能搭伙好好地走下去。如果他不是，那么离开，是让自己走上该走的路的更好选择。

图书在版编目（CIP）数据

闺蜜结婚指南 / Boya 等著. — 北京：中国华侨出版社, 2019. 3

ISBN 978-7-5113-7808-8

Ⅰ. ①闺… Ⅱ. ①B… Ⅲ. ①婚姻—社会心理学 Ⅳ. ①C913. 13

中国版本图书馆 CIP 数据核字（2019）第 007243 号

●闺蜜结婚指南

著　　者 / Boya等
责任编辑 / 姜薇薇　桑梦娟
版式制作 / 大燃图艺
经　　销 / 新华书店
开　　本 / 880×1230 毫米　1/32　印张：7　字数：152 千字
印　　刷 / 北京高岭印刷有限公司
版　　次 / 2019 年 3 月第 1 版　2019 年 3 月第 1 次印刷
书　　号 / ISBN 978-7-5113-7808-8
定　　价 / 25. 00元

中国华侨出版社　北京市朝阳区静安里 26 号通成达大厦 3 层　邮编：100028
法律顾问：陈鹰律师事务所
发 行 部：（010）64443051　传　真：（010）64439708
网　址：www.oveaschin.com　E-mail：oveaschin@sina.com